刘琳 著

沟通就是说服人

天津出版传媒集团

天津人民出版社

图书在版编目（CIP）数据

沟通就是说服人 / 刘琳著 . -- 天津：天津人民出版社，2020.6
ISBN 978-7-201-15949-2

Ⅰ . ①沟… Ⅱ . ①刘… Ⅲ . ①说服－语言艺术－通俗读物 Ⅳ . ① H019-49

中国版本图书馆 CIP 数据核字（2020）第 070505 号

沟通就是说服人
GOUTONG JIUSHI SHUOFUREN

出　　版	天津人民出版社
出 版 人	刘　庆
地　　址	天津市和平区西康路 35 号康岳大厦
邮政编码	300051
邮购电话	（022）23332469
网　　址	http://www.tjrmcbs.com
电子邮箱	reader@tjrmcbs.com
责任编辑	王昊静
装帧设计	尧丽设计
印　　刷	北京竹曦印务有限公司
经　　销	新华书店
开　　本	880 毫米 ×1230 毫米　　1/32
印　　张	6
字　　数	128 千字
版次印次	2020 年 6 月第 1 版　　2020 年 6 月第 1 次印刷
定　　价	42.00 元

　　沟通是人与人之间、人与群体之间思想与感情传递和反馈的过程，以求达到思想的一致和感情的通畅。而人与人之间的沟通是由一系列的说服和被说服构成的，也就是说，你不是去说服别人，就是被别人说服。可以说，说服存在于沟通的整个过程中。比如，从出生到死亡，你需要不断说服你的父母、老师、爱人、孩子、上司、同事、朋友以及对手等。对许多人来说，无论是生活交流、朋友沟通、公司管理，还是家庭对话，具备高效的说服能力是幸福指数提升和事业发展的重要因素。

　　美国斯坦福大学沟通力与领导力讲座教授彼得·迈尔斯指出："只有自己足够杰出，你的声音才能在一片嘈杂中脱颖而出。要想突破喋喋不休，你需要一点策略——我们称之为高效沟通策略。你可以这样想：高效沟通才能得到你想要的结果，而其他的一切沟通仅是说话而已。高效沟通就是厘清有疑义的地方，就是在听众跟不上你的沟通思路时，创造关联，最重要的是，激励人们完成他们认为不可能完成的事情。"从更深层的意义来说，说服就是高效沟通。

但在沟通的过程中，人们惯用的方式是急着把自己心中所想的东西一股脑地倾倒给对方，没有科学地融合信息，最终使得沟通双方都没有办法使对方信服。这也是为什么在现实生活中会有那么多的无效沟通。

柔软对话的创立者乔治·汤普森曾指出："我们与对方的差异越大，在交谈的时候越需要技巧，这样才能达到使对方协同、认同、服从我们的目的。"低效率的说服让我们在工作、生活中饱尝苦头。本书精心归纳整理了最前沿的研究成果，总结了许多行之有效的说服方法和技巧，根据不同说服类型的人、不同的沟通对象，有层次、有深度地介绍了高效的说服技巧。书中更有情景化的案例分析，帮助你发现问题、解决问题、提高技能。而且，我们还设置了有趣好玩的思维导图，让你一目了然，快速掌握沟通技巧。

最后，希望大家按照书中所提供的方法多多练习。因为越练习，你就越有可能成为说服高手。

目录
CONTENTS

真正的沟通，是一种说服博弈

　　沟通是人类生存的最基本形式。在生活中，每个人都要同各种各样的人打交道，与人交往则必须依赖沟通。而每一次的沟通，无不是由一系列的说服和被说服构成的。比如，小时候，你会说服妈妈给你买好吃的糖果；步入社会后，你会说服面试官雇用你；等等。这就是沟通的实质。因此，无论你是否愿意，你都必须学会说服，争取成为一名说服高手，帮助你解决生活和工作中的各种疑难问题。

所有的沟通，都有说服的影子

> 人与人之间的沟通是由一系列的说服和被说服构成的——不是去说服别人，就是被别人说服。说服存在于沟通的整个过程。

沟通是为了一个设定的目标，让信息、思想和情感在个体和群体间进行传递，并且达成协议的过程。其实，沟通就是影响别人、说服别人的过程，并存在于社会生活的方方面面。

◎在家庭中，父母要说服孩子养成良好的生活和学习习惯。

◎在学校中，老师要说服学生遵守纪律、好好学习。

◎在企业中，领导要说服员工全心全意地工作，而员工则要说服领导采纳自己的意见。

◎消费时，商家要说服消费者购买产品，而消费者则要说服商家给他最低的价格。

◎恋爱时，男孩要想办法说服女孩跟他牵手一辈子。

可以说，在所有的沟通中，谁也离不开说服。

说服的过程就是传递新观念，让听者接受它，从而改变听者原有观念的过程。每个人在成长过程中都会接受"说服"教育，在这个过程中，我们逐渐形成了世界观和价值观，为了一些目的，不断地接受和输出"说服"。那么，说服到底是如何发生的呢？

根据弗洛伊德的理论，意识与无意识是相互对立的：意识压抑无意识的本能冲动，使之只能得到伪装的、象征的满足；而无意识则是心理活动的基本动力，暗中支配意识。无意识是占主导地位、起支配作用的。

他认为，意识部分就像冰山露在海面之上的那一小部分，而无意识则是没于海水中的硕大无比的主体部分。无意识是指人们竭尽全力试图忘记的那些不愉快、不恰当，或是丑陋的想法和冲动，它们往往无法被现实认知，在成长过程中也无法得到认同和满足。

露在海面之上的冰山小部分

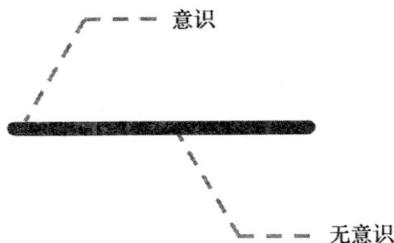

意识

无意识

海面之下的冰山主体部分

在说服的过程中，彻底改变一个人的价值观很难，但只要发现他的弱点，就能找到说服对方的突破口。有时候，人们能够发现自己的弱点，因此，当你准备说服时，对方就会建立起一种防御机制。

但更多的时候，人们无法明确自己的弱点到底是什么，就像弗洛伊德说的，很多弱点在海面之下，是无法察觉的。因此，可以说人们已经承认了这种无处不在的说服。

掌握说服核心四要素，让沟通变得更简单

> 俗话说得好，"罗马不是一天建成的"。说服别人也一样，要有一个循序渐进的过程。构建好说服的基础，是沟通成功的关键所在。

　　说服，简而言之就是让对方同意自己的意见。生活中，一些人总是很容易说服别人，一些人则总是很难说服别人。产生这种差异的根本原因在于，后者没有掌握说服的真谛。

　　社会心理学家经研究发现，要想达到说服的目的，一定要理解四个核心要素：传达者、信息内容、沟通渠道、被传达者。这四个要素关系密切，是一个有机的整体，概括起来就是："谁"将"什么事情"用"什么方法"传达给"谁"。

说服核心
四要素

传达者	信息内容	沟通渠道	被传达者
谁	讲"什么事情"	用"什么方法"	传达给"谁"

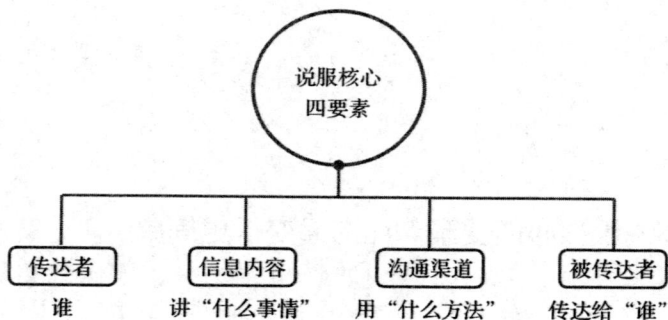

下面给大家介绍说服核心四要素的具体内容。

1. 传达者

在说服的过程中，传达者的身份是否能够引起对方的注意和信任，是沟通能否顺利进行的第一关键要素。因此，在说服别人的时候，传达者一定要明确自己的身份，站在让人信任的角度上进行沟通。比如，一个牙齿坚固洁白的牙膏推销员，显然比一个满口黄牙的推销员更能赢得客户的信任。

2. 信息内容

当你说服别人时，你所说的内容就是信息内容。但决定说服效果的不是信息内容本身，而是信息内容的排列组合方式。信息内容的排列组合包括重要信息筛选、立场、时间点等。同一个信息内容，不同的排列组合方式，对听者起到的说服效果都是不一样的。

某著名大学教授做过这样的实验。打印机前有许多人排着队，这时候教授想插队先打印，他这样对大家说："抱歉，可以让我先打印吗？我赶时间。"结果一半的人同意，一半的人不同意。但当教授换成这样的说法："抱歉，能让我先打印吗？因为我需要打印好几份文件，这些文件急着要用。"这个时候，大部分人都同意了。之所以第二种说法要比第一种说法的效果好，是因为在第二种说法中，"因为"一词起到了较为重要的作用，让人们条件反射地答应了对方的请求。

因此，说服别人不仅要说清楚信息的内容，还要学会运用适当的排列组合方式，使说服更顺利。

3. 沟通渠道

沟通渠道也就是方法。在说服过程中，方法对了，你就可以事半功倍；方法错了，你可能会事倍功半。接下来，我们可以对比一下下面的说服方法。

父母对孩子说：

☑ "要多吃蔬菜，这样可以让你变得更聪明。"

☒ "不许偏食，你一定要多吃蔬菜，只有这样才能营养均衡。"

☑ "玩是可以的，但一定要先完成学习任务。"

☒ "赶紧去学习，天天就知道玩。"

领导对员工说：

☑ "最近你工作表现很不错，你的成绩我都看在眼里。现在叫你过来，除了表扬你外，还想和你谈谈心。我想听你说说自己的工作现状及规划……我还想听听你对工程部的看法……"

☒ "公司决定把你调到工程部，现在你回去交接一下工作，然后明天就去工程部报到吧！"

4. 被传达者

被传达者也就是你要说服的对象。需要注意的是，说服别人时一定要让他心服口服，而不是表面上接受你的建议。比如，领导让下属做一件事情，如果通过命令的方式让下属执行，或许能够达到目的，但得到的不一定是最好的结果。

总之，四要素在说服过程中占有核心的地位，只要掌握好它们，你就可以成功掌握说服之道，沟通也会变得更简单。

八种经典沟通说服模式

> 我们每天要和不同的人打交道，有的人与你志同道合，不用多说也能成为你的朋友；有的人与你意见相左，你多多少少要费些口舌来说服他们。这就需要你掌握一些说服技巧，才能沟通得更为顺利。

在沟通过程中，说服是有技巧的。本节将给大家介绍八种经典的说服模式。这些说服模式向对方的潜意识中发出暗示，不露痕迹地在话语中嵌入命令，同时也不会招对方反感，用催眠的技巧来影响对方的决定。

1	互惠模式	5	名词化
2	因果式	6	未来场景法
3	单项选择	7	读心术
4	勾选法	8	模糊引用法

下面给大家介绍这些说服模式的具体应用。

1. 互惠模式

互惠模式是经典的回报和索取的关系，它的关键是让对方感觉欠你人情。因此，当你帮助朋友，朋友对你说"谢谢"时，你可以向对方说"不客气，换作是你，你也会这样做的"。这样，在对方的潜意识中就感觉亏欠了你，下次可能也会同意帮你。

2. 因果式

这种说服模式，通常会假设两个事物之间存在着某种因果关系，虽然事实未必如此。但需要注意的是，使用这种模式的前提是你已经和对方产生了共鸣。通常，在描述因果关系时，我们常用的字眼有"因为""以至于""形成""产生"等。

比如，只要一提到"因为"这两个字，别人就会认为你的话语符合逻辑，而且也会让对方感觉你有充分的理由来说服他。因此，在与别人沟通的过程中，不妨多练习使用这类词语。

3. 单项选择

（1）越……就越……

父母要说服孩子学习时，可以这样说：

"你越研究这门课程，就越想去学习它。"

汽车销售人员说服客户时，可以这样说：

"你越开这辆车，就越想把它买下来。"

化妆品推销人员说服客户时，可以这样说：

"你越使用这个牌子的化妆品，就越觉得它非常不错。"

（2）越……就越不……

这种说服技巧与上面的用法相似，比如可以这样说：

"你越使用这个牌子的化妆品，就越看不上其他牌子的化妆品。"

4. 勾选法

勾选法也称为选择法。比如，孩子不愿穿衣服，父母可以说："是自己穿衣服，还是妈妈帮你穿？"或是"穿绿色的还是蓝色的？"等。

它的优点是，在不把父母的意愿强加给孩子，避免和孩子正面冲突的同时，能让孩子享受自己拿主意的过程。

5. 名词化

这种说服模式就是把某个过程简化成一个名词。比如，某个人正在"决定"是否买这套房子。"决定"某件事实际上是一个过程，说明这个人处在这个过程中。

作为房产销售人员，可以这样问：

"您还需要了解哪些方面，才能做出决定呢？"

从这个回答上我们可以看出，销售人员把"决定"这个动词转化成了一个名词，意在给对方的潜意识发出一些有针对性的暗示。

如果对方已经做出了某个"决定"，你可以利用"名词转动词"的方法，推翻对方的决定，从而让他重新考虑自己刚刚得出的结论。

6. 未来场景法

未来场景法也称为假设法。这种说服模式的关键在于给对方描绘未来可能出现的场景，并且试图让对方进入你所设定的场景中，从而在对方的潜意识中注入一种满足感和幸福感。

卖鲜花的女孩对一位先生说："先生，买束鲜花吧。"

"多少钱？"

"20元一支红玫瑰，40元一支蓝玫瑰。"

"你的花太贵了。"

卖鲜花的女孩微笑着说道："送给女孩最好的礼物就是鲜花。假如你拿着一束花去见她，在众人面前，女孩会是什么样呢？我想她一定会含情脉脉地看着你，脸上洋溢着幸福的笑容，甚至在众人羡慕的目光下给你一个最热烈的拥抱。"听到这里，这位先生立刻买了一束鲜花。

卖鲜花的女孩成功地在这位先生心中唤起了一种美好的情感，激发了他购买的欲望。

7. 读心术

读心术就是猜测对方的想法，其实更是在暗示自己的想法，并不知不觉把这一想法植入对方的潜意识中。比如：

"你肯定在想这里的环境有多好！"

"你一定在想穿上这套衣服有多好看！"

8. 模糊引用法

模糊引用法就是在没有确切的标准或是判断来源的情况下去说服别人。比如说"很多人都喜欢这个"，在话语中，并没有指出"很多人"到底是哪些人。

你也可以使用"铺垫、铺垫、铺垫、引导"的话语模式，达到你的目的。

柔软对话，每个人都能变成说服高手

> 说服与被说服，是沟通中永恒的主题。每个人都希望自己有能力去说服他人，赢得他人的信赖和支持，从而达到自己的目的。那么，怎样才能成为一名说服高手呢？

美国作家乔治·汤普森通过他30多年的职业生涯，创立了一套优雅而高效说服他人的体系——柔软对话。其体系中的技巧已经无数次地被证明有效，柔软对话会教你怎样去应对所发生的情况，而不是单纯地做出反应。

我们先来对比下面两组对话：

☒ 对话一：

梅根："爸爸，我现在找了一份兼职工作，又马上升入高中了，我需要买辆车。"

爸爸："这太可恶了！居然提这样的要求！你有没有好好想

想，我怎么可能有这笔闲钱给你买车啊！"

在这组对话中，梅根的爸爸使用的是"空手道式"的语言，也就是对配偶、子女、雇员等任何一个人发火时，毫不犹豫地说出那些伤人的、毁灭性的语言。这种方式不仅会破坏沟通，还会疏远俩人的关系。

☑ 对话二：

梅根："爸爸，我现在找了一份兼职工作，又马上升入高中了，我需要买辆车。"

爸爸："梅根，如果真的给你买辆车的话，后面保养什么的可都是你自己负责了，同意吗？"

梅根："当然同意，爸爸。"

爸爸："要不这样，你先去查一下，保养一辆车意味着什么，你需要做哪些工作，然后我们再来谈。"

几天后，梅根说："爸爸，给我买辆自行车吧。我算了算，一辆车的保养、保险、汽油等需要不少钱，我可付不起。"

在这组对话中，梅根的爸爸没有因为买车这一情况而心烦意乱，也没有因为女儿梅根开始一场有可能持续几个礼拜的对抗。这主要归功于使用了柔软对话，才能做到随机和灵活应变，就像真正的柔道高手那样。这种方式化解了对手的攻势，达成了良好的沟通。

那么，怎样利用柔软对话，优雅而高效地说服他人呢？乔治·汤普森先生提出了5个全宇宙通用的原则：

◎任何人都希望自己能被尊重对待；

◎任何人都希望自己被好声好气地询问，而不是被颐指气使地命令；

◎任何人都希望自己有主动权去做出选择，而不是因为被威胁而被迫做出决定；

◎任何人都希望自己在被询问或被命令时，能得知整件事情的来龙去脉；

◎任何人都希望自己在做错了事情时，能获得改正的机会。

上面的5个原则提倡尊重他人、为对方留有尊严，是柔软对话最基本的原则。你和对方的差异越大，在沟通的时候就越需要技巧，这样才能达到使对方协同、认同和服从你的目的。"战术性交谈礼仪"可以为你的说服行动提供支持，为你提出的想法和建议减少阻力。

小测试：你的说服影响力有多大？

总会有一些朋友抱怨他们遇到的关系阻碍。其实，很多时候不是关系出了问题，而是沟通出了问题。

你有没有想过，为什么有些人在我们眼里是那样具有魅力，让我们不由自主地想赞同他、支持他？为什么有些人可以把人际关系处理得那么好？为什么我们不行？这其中有什么奥秘？我们也可以做到吗？答案是肯定的。

感染别人、说服别人本来就是心理学中可以学习的技巧。接下来你可以先做一个专业的影响力测试，想知道自己的影响力在哪个水平吗？想知道自己是天生的说服家还是盲从者吗？这个测试将会帮助您得到答案。请自行记下每道题你的答案，全部答完后在文章末尾查看正确答案。

1. 在哪种情况下，人们更有可能被缺乏说服力而不是更具有说服力的证据说服？

A. 赶时间

B. 对该话题根本不感兴趣

C. 对该话题的兴趣一般

D. A和B

2. 假设你正试着将拥有三种不同价位的同一种商品（经济型、普通型、豪华型）推销给客户。在哪种情况下，你的销售额会更高？

A. 从价格最便宜的商品开始，然后向上销售

B. 从价格最贵的商品开始，然后向下销售

C. 从价格适中的商品开始，然后让顾客自己决定买哪一种

3. 人们对政治竞选进行了多年的跟踪调查，结果表明，最有可能赢得胜利的候选人是：

A. 外表最有吸引力的候选人

B. 制造大量负面的或带有攻击性的新闻来防御竞争对手的候选人

C. 拥有最有活力、最卖力的志愿者的候选人

4. 通常情况下，自尊与被说服之间的关系是：

A. 自尊心不强的人，最容易被说服

B. 自尊心一般的人，最容易被说服

C. 自尊心强的人，最容易被说服

5. 假设有一位政治候选人最近刚刚失去民众的信任。不幸的是，你是这位候选人的竞选班子的负责人。如果这位候选人欲借严厉打击犯罪重树他的声望，你认为在他开始下一站宣传时，哪一个选项是最好的方式？

A. "我的对手在打击犯罪方面做得很不够……"

B. "很多民众支持我打击犯罪的意愿，而且他们相信我有这个能力……"

C. "虽然我的对手在打击犯罪方面有着不俗的表现……"

6. 假设你是一位理财顾问，你认为你的一位顾客在投资方面太过保守。为了说服他投资风险较高、回报也较高的项目，你应该注重讲述：

A. 与他相似的人是如何犯同样的错误的

B. 如果他在那些风险更大的项目上投资，他会得到什么

C. 如果他没有在那些风险较大的项目上投资，他会失去什么

7. 陪审员最有可能被以下哪种人说服？

A. 讲话简明易懂的证人

B. 讲述时使用令人难以理解的术语的证人

C. 讲述的内容有说服力的证人

8. 如果你有一则新消息，你会在什么时候说出它是新消息？

A. 在讲述这则消息之前

B. 在讲述这则消息当中

C. 在讲完这则消息之后

D. 不会提到这是一则新消息

9. 假设你正在介绍你的方案，而且你马上就要讲到关键内容了，这一部分包括那些极具说服力的用以支持你观点的论据。请问，讲到这一部分时，你的语速会有多快？

A. 特别快

B. 稍微快一点

C. 适中

D. 很慢

10. 社会心理学的研究表明，6个最基本的影响他人的原理是：

A. 热情、愉悦、不和谐、回忆、关注、正面联想

B. 参与、调整、催眠、反射、原型、潜意识的说服

C. 一致、权威、互惠、喜好、社会认同、短缺

测试答案

1	2	3	4	5	6	7	8	9	10
D	B	A	B	C	C	B	A	D	C

结果解析

答对8~10个问题，说明你绝对是一个让人顺从的天才。没有什么可以教给你的了。

答对6~8个问题，说明你的说服力令人印象深刻。

答对4~6个问题，说明你很擅长说服他人，但你需要继续学习以提高你的说服技巧。

答对2~4个问题，说明你需要采取一些改进措施。

答对的问题少于3个，我想说的是，如果我有一些房产，我很愿意向你推销……

正确的姿态，让说服变得更简单

　　说服高手的秘密在于他们掌握了说话的技巧，总是能说出让别人感到愉快的话。并且，这些人也能用语言引导别人，仿佛他们天生就有一种"呼风唤雨"的能力。然而，要想实现有效说服需懂得展示一些正确的姿态，比如要懂得尊重别人、有亲和力、保持自信等，这样才能营造其乐融融的沟通氛围，建立一个良好的沟通模式。

真诚为钥，打开心门实现说服

> 真诚就是思想、情感和行为一致，即言行一致、表里如一。如果我们能够真诚地对待对方，对方也会真诚地对待我们，透露出他内心的真实想法和看法，这是我们成功说服对方的关键因素。

俄罗斯大军事家哈伊尔·库图佐夫在写给叶卡捷琳娜公主的一封信中曾这样说道："您问我靠什么魅力凝聚社交界如云的朋友，我的答案就是真实、真情和真诚。"真诚是打开对方心门，了解对方内心真实想法的关键，从而更容易实现说服。下面我们先一起看一个例子。

一位患者正要离开医院，前台工作人员注意到他有些心神不安，甚至可以说是有些不满意。

工作人员问："您的就医过程顺利吗？"

"还行吧。"患者回答。

"好的。"工作人员说完，马上又朝后面的患者喊道，"下一位！"

这种场面是典型的虚情假意型关心，跟客服人员满脸堆笑的"您好"没什么两样。其实，这种表达的潜台词是"您可千万别当真，我就是跟您打个招呼，稍微客气一下"。如果想要让对方说出内心的真实想法，必须要做到真诚。比如，同样的场景可以这样表达：

工作人员问："您的就医过程顺利吗？"

"还行吧。"患者回答。

工作人员："听起来您好像不太满意，是这样吗？"

患者："就是感觉有些疼，还有就是医生很冷淡。"

患者一开始不愿表达内心的想法，或许他担心说实话会冒犯医生，或让工作人员生气。为解决这个问题，工作人员必须表现出真诚，让患者明白说出内心的想法很安全，这样他才不再犹豫。

真诚一定要发自内心，而不是表面上的装模作样。而我们内心的真诚常常会表现在言语和表情上。另外，美国推销大王乔·吉拉德这样说："真诚是你从书本上读不到的东西，只可意会，不可言传。你得学会自然，人们喜欢诚实的人，一个推销员必须诚实并且处处为客户着想。"那么，我们如何才能让自己表现得更加真诚呢？

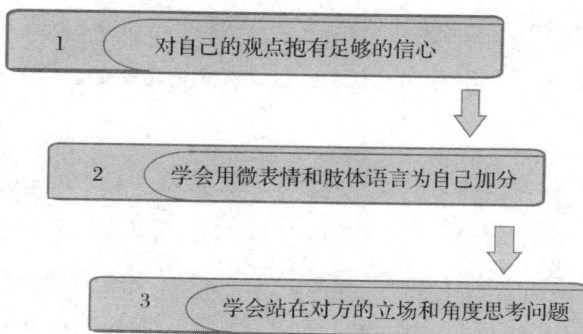

1	对自己的观点抱有足够的信心

2	学会用微表情和肢体语言为自己加分

3	学会站在对方的立场和角度思考问题

1. 对自己的观点抱有足够的信心

我们要对自己的观点抱有足够的信心，这样才能把信心传递给他人，并让对方也信服自己的观点。如果我们的观点有不完善的地方，试图掩盖不如坦言说出，这样对方会更容易接受。

2. 学会用微表情和肢体语言为自己加分

微表情和肢体语言很容易在不知不觉中出卖我们内心的秘密，因此一些不开心或不满不要表现在脸上或动作中。真诚的笑脸和柔美的动作会迅速拉近彼此的距离，使对方敞开心扉。

3. 学会站在对方的立场和角度思考问题

一个只会为自己着想的人是谈不上真诚的，无论其言语多么动听。站在对方的立场和角度思考问题，说出的话更能打动对方的心，也更能让对方感受到真诚。

热情洋溢，带动对方的沟通情绪

　　热情是一种积极的精神力量。一个充满热情的人，会保持高度的自觉，把全身的每一个细胞都调动起来，驱使其完成内心渴望达成的目标。同时也会感染对方，让对方以同样的热情来回报。

　　约翰·R.斯托克在《真实对话》一书中曾写道："消极的沟通者通常是不坦率、不直接的，也不会明确表达他们的期望和想法。因此，他们的对话更容易遭到误解或表达不清。"在说服过程中，对方冷漠的消极沟通会让人们的沟通兴趣呈跳水式下降，常忘掉最初的沟通目标，放弃沟通的努力。如果我们希望对方能热情地与自己攀谈，那么我们首先要以足够的热情来沟通，带动对方的沟通情绪，以免对方因感到冷落而拒绝交流。

美国著名的推销员乔·吉拉德连续12年荣登《吉尼斯世界纪录大全》世界销售第一的宝座，其成功秘诀之一就是用热情去对待每一个客户。

有一天，一位中年妇女从对面的福特汽车销售商行走进吉拉德的汽车展销室。吉拉德很热情地迎上前，可那位中年妇女说她很想买一辆白色福特车，作为自己55岁的生日礼物，但是福特车行的经销商让她过一个小时之后再去，所以先来这儿打发一下时间。

要是换了其他推销员，听了这样的话一定会转身离开，但吉拉德依然热情地将这位客户请进门，并愉快地与她交谈着。

过了一会儿，吉拉德的助手走了过来，手里捧着一束玫瑰花。吉拉德接过玫瑰花，送给了那位中年妇女，真诚地说道："夫人，祝您生日快乐。"

那位妇女感动得热泪盈眶，非常激动地说："先生，太感谢您了，已经很久没有人给我送礼物了。刚才那位福特车的推销商看到我开着一辆旧车，一定以为我买不起新车，所以在我提出要看一看车时，他就推辞说需要出去收一笔钱，我只好上您这儿来等他。现在想一想，也不一定非要买福特车不可。"后来，那位妇女就在吉拉德那儿买了一辆白色的雪佛兰轿车。

正是因为吉拉德的热情深深地打动了这位中年妇女，才让她做出了新的决定。纽约中央铁路公司前总经理佛瑞德瑞克·威廉说过："成功的人和失败的人在技术、能力和智慧上的差别通常并不是很大，如果两个人各方面条件都相差不多，具有热情的人将会如愿以偿。"说服也是一样。只有当我们用热情去影响对方时，对方才能有所回应，说服才有可能实现。

需要注意的是，过度热情容易给对方带来较大的压力，使其感觉自己在被别人强行推着前进，这种压力感同样也会使对方失去沟通的兴趣。比如：

☒ 你看我一有空儿就跑来帮你干这干那的，你还有什么不满的？

☑ 看来你的烦恼已经解决得差不多了，我可以放心了，以后有问题记得找我。

因此，在说服的过程中，我们一定要牢记，热情是一种态度，而不仅仅是技巧。只有发自内心的热情，才能真正打动对方。

善于示弱，或许更能得偿所愿

适当示弱并不是软弱和无限度地退让，而是一种沟通说服的策略，这会减少对方的敌意和不信任感。在这种情况下，对方会更乐于听你说话，也更容易答应你提出的某些要求。

在沟通陷入僵局的时候，如果我们强硬地要求对方"听我说"或者"你一定得接受我的观点"等，就只会让对方更加有抗拒心理。这时，我们不妨主动示弱，让对方的心理防备慢慢放松下来，然后再去沟通，这样说服就会变得容易许多。

英国前首相撒切尔夫人晚上回家后两次敲门的故事给了我们很好的启示：

撒切尔夫人用力敲门后，大声说道："我是英国首相！"结果屋内的丈夫没回应，也没开门。

她又清了一下嗓子，温柔地说："亲爱的，开门吧！我是你太太。"结果，门很快就打开了，丈夫给了她一个亲切的拥抱。

这两次敲门的结果完全不一样，是因为撒切尔夫人选择了示弱。这就是善于示弱的作用。不管撒切尔夫人是不是英国首相，她始终是丈夫的妻子。放下高高在上的头衔，以家庭中普通平等的身份来与亲近的人交流，这才是沟通的智慧。

在美国宪法制定前，有两大阵营：赞同派和反对派。在费城召开的一次讨论会上，这两大阵营之间矛盾不断、争吵激烈，到最后，他们对宪法中条款的争论甚至上升为人身攻击，达到了白热化的境地。

在这难以调和的时刻，富兰克林站了出来。其实，他对宪法的制定是持赞同意见的，但他诚恳地对反对派说："请大家安静一下，说实话，我也并不完全赞同这次宪法的制定。"反对派听到富兰克林这样说，大多数人都愣住了，赞同派听后也摸不着头脑。大家停止了争论，关注着富兰克林接下来要说什么。

稍停顿了一会儿后，富兰克林继续说道："虽然我对该宪法的制定持赞同意见，但我对它并没有足够的信心。比如，对宪法中的一些细节问题，以及该宪法是否完全正确，相信大家和我都有一样的异议。我正是在这样怀疑的态度下来到这里签署该法案的。"

听到这些话，反对派们原本激动的情绪也慢慢平静下来，他们开始理智地和对方谈论宪法的可行性和缺陷。最后，美国宪法终于通过了。

为了说服反对派支持宪法的制定，富兰克林巧妙地向对方示弱，消除了对方的排斥心理，同时也引起了他们的好奇心，让他们有耐心地听自己说话，为成功说服创造了可能性。

美国心理学家做过这样的调查：在拥堵的马路上，一位彪形大汉横穿而过，愿意给他让路的车辆不到50%，车祸发生率也很高；而老弱病残者穿过马路，却有很多人让路，大家都觉得自己是做了好事，车祸发生率为零。在某种时候，弱与强收到的效果是相反的。弱，反而处于强势；强，反而处于弱势。

因此，在沟通过程中，善于放低自己的姿态，或公开承认自己的短处，把自己某些方面的弱点有意地暴露出来，这种方式将为我们赢得说服方面的优势。

保持平常心态，消除异议效果更佳

在说服的过程中，异议是无处不在的，每一个环节都有可能存在异议。假如你对此感到焦虑和反感，对成功说服没有一点好处。其关键是保持一颗平常心，才可化险为夷。

异议是不同的意见和观点。大多数人都喜欢求得共识而厌恶异议，因为异议很容易引发争执，让沟通的双方变得紧张。在思想多元化的今天，尤其在说服情境中，发生异议是非常常见的现象。避免因异议而中断沟通，是一门很有用的学问。我们可先对比下面两种表达：

☒ "你这个白痴。难道语文老师没教过你说话前要先看完全文吗？"

☑ "如果你仔细看这几句话，就会明白咱们的观点其实殊途同归，只是侧重点不同。"

第一种表达的后果很有可能会引起双方的相互争吵；第二种表达是一种客观、不带任何情绪的说话方式，无疑会产生良好的说服效果。

因此，面对异议时，最关键的是保持一颗平常心。要做到这一点，就要把对方当成正常人来看，而不是给对方贴上形形色色的负面标签。美国知名演讲嘉宾约瑟夫·格雷尼先生指出："学会把对方当作正常人看待，目的是改变我们自己的错误想法和情绪。这样做可以让我们从各种可能的角度去理解对方的行为原因，是一种有效的自我情绪调节的方式。"

下面再来看这样一个案例：

英国《泰晤士报》总编辑西蒙·福格当年在求职时创造过神话。他走进总经理的办公室，问："您这儿需要编辑吗？"对方头也没抬就拒绝了他。接着西蒙·福格又问："要记者吗？"对方还是干脆地拒绝了他。西蒙·福格没有气馁，再一次问道："那么排字工、校对员呢？"这时，总经理有些不耐烦地说："都不需要。"

"那么你们一定需要这个啦。"福格从包里掏出一块牌子，上面写着：额满，暂不雇用。总经理一看笑了。结果福格留了下来，负责报社的宣传工作。25年后他荣升为报社的总编辑。

在上面的案例中，西蒙·福格在面试的过程中，面对总经理的两次拒绝，他并没有感到低落、失望，而是在平常心态的基础上，以新颖、独特的求职方式打动了对方。

另外，你应认识到，对方有异议并不是什么坏事，而是说明对方的态度认真。比如，在销售过程中，客户有异议说明他认真研究了产品，并且有购买的意向，不然他是不会下这样的功夫的。因此，遇到异议，你更应调整好自己的情绪，找到科学的策略，使异议变成双方的共识。

有亲和力，别人才喜欢与你交流

当我们浑身散发着友善的亲和力时，沟通对象就会不由自主地被我们感召，放下紧张和焦虑，倾吐心中的话语。这无疑对说服有极大的帮助。

亲和力的狭义概念是指一个人或一个组织在所在群体心目中的亲近感，其广义概念则是指一个人或一个组织能够对所在群体施加的影响。回想一下你是否有过这样的感受：与一个人待在一起，你会把对方当成自己人，在他面前没有紧张感和焦虑感，并愿意听他说话。这说明对方是一个有亲和力的人。亲和力就像一种磁场，能够让人乐于跟自己待在一起，从而感受到安全、平静和快乐。

良好的亲和力有利于与他人进行沟通，尤其是陌生人之间，能有效建立双方之间的信任感，拉近彼此的距离。很多大企业家很重视员工的亲和力，尤其是服务行业，都把它作为员工必备的素质之一。

　　彼得·迈尔斯教授向斯坦福大学的师生介绍过一种持续刺激大脑产生情感反应的方法，这能为我们带来更好的亲和力。具体做法如下图内容所示：

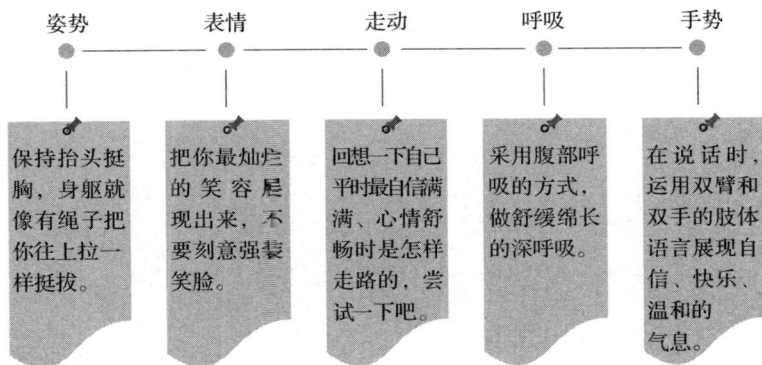

姿势	表情	走动	呼吸	手势
保持抬头挺胸，身躯就像有绳子把你往上拉一样挺拔。	把你最灿烂的笑容展现出来，不要刻意强装笑脸。	回想一下自己平时最自信满满、心情舒畅时是怎样走路的，尝试一下吧。	采用腹部呼吸的方式，做舒缓绵长的深呼吸。	在说话时，运用双臂和双手的肢体语言展现自信、快乐、温和的气息。

　　另外，在沟通的过程中，我们要避免出现以下几种情况：

　　◎态度过于生硬，会导致别人不愿意与自己沟通。

　　◎交谈的时候过于严肃，容易让对方不敢开口、战战兢兢。

　　◎沟通的时候不苟言笑，对别人的幽默感不以为然。

自信沟通，才能完美说服别人

在沟通的过程中，如果说服者态度诚恳、语气坚定，在走路、谈话、穿衣打扮方面能展现出自信，那么他的说服力不言而喻。

罗曼·罗兰说："先相信自己，然后别人才会相信你。"自信就是一个人的底气，如果一个人在说话的时候连底气都没有，别人又怎么会相信你、被你说服呢？可以说，一个人自信心有多强大，对别人的说服力和影响力就有多大。

有一位中年人患有相当严重的口吃，换过40个工作，仍一事无成。有一次，他走进一家汽车销售商行，请求经理给他一份汽车销售的工作。经理打量了他一番，满心怀疑地说："有汽车销售经验吗？"

中年人回答："没有。"

经理不屑一顾地笑了笑，说："那你凭什么能推销成功？"

"虽然我没有推销过汽车，但我推销过房产、报纸、鞋油等。其实我推销的是我自己，人们在买单的时候也是看的我，所以我相信在汽车销售方面一定也能成功。"

面对口吃的中年人，经理从他的说话中感受到了一股自信，但仍有些怀疑。经理又说现在是淡季，很少有人买车。

中年人自信地回答道："假如您放弃我，您一定会后悔。您只要给我一张桌子和一部电话就足够了，我保证不出两个月，一定打破您这儿的销售纪录。"终于经理同意了他的请求。

事实证明，这位中年人在工作第二天就推销出了一辆汽车，此后，他的汽车销量呈直线上升，还打破了汽车销售的吉尼斯纪录，被称为"最伟大的推销员"。他就是乔·吉拉德。

口吃且一事无成的中年吉拉德能够让满心怀疑的经理答应他工作的请求，其最主要的原因是吉拉德表现出来的自信。因此，在沟通过程中，把自信展示给别人，让别人感受到自己强大的气场，是说服者实现目标的关键因素。

那么，我们应该如何提高自己的自信呢？具体可从以下几个方面入手。

1. 自我肯定，激发自信

自我肯定是利用积极正面的语言来激励自己，比如，自己对自己说"我是最棒的""我一定可以"等，来建立自己内心坚定的信念。

2. 调整外在行为，增添自信

心理学研究人员发现，当一个人在身体姿势上表现得很自信的时候，外在的行为会影响内心的感受，使自己觉得很有信心。这一点是与行为心理学理论相一致的，它认为，人有时候并不是由思想控制行为，而是行为影响了思想。

3. 体验成功经历，积累自信

自信是一个积累的过程。我们可以建立起属于自己的成功清单，从而体验到自己是有价值的，逐渐积累自信。比如，我们可以试着回忆自己的过去，找找看在过去的生活和工作中所完成过的一些大大小小的成就等。

4. 提升个人能力，巩固自信

长久的自信是建立在能力之上的。在沟通过程中，一个人之所以不能说服对方，主要是缺乏一定的沟通能力。因此，平时我们要多学习和练习一些有效的沟通技巧，稳步提升自己的沟通技能。

小测试：你有足够的亲和力吗？

在沟通的过程中，除了将心比心外，还需要注意一些沟通方式以及个人的素养。比如，面带微笑可以让人摆脱拘谨，语速缓慢可以让人感觉温和。在别人的眼里，你是一个怎样的人呢？是不是有足够的亲和力呢？通过下面的小测试来了解一下吧！

随着夏天的到来，雨水逐渐变得多了起来。在傍晚，刚刚下了一场雨，随着夜色的降临，雨逐渐小了。你推开窗户往外看去，这时候，一个人进入眼帘，正在楼下慢慢地走着，你会怎么看待这个人呢？

A. 雨后的夜晚很安静，他一定在享受这个过程

B. 雨变小了，估计他不想继续奔跑了吧

C. 这个人一定心事重重，在想事情吧

D. 一看就是情感上遇到挫折了，一定很伤心

结果解析

选A：高冷孤僻

选择"享受安静夜晚"，说明你在很多情况下，非常注重自己的想法，是一个主观意识很强的人；你总是喜欢自己设定场景，并投入进去，难以自拔；似乎你生性高傲，性格中带有几丝孤冷。你这样的表现，常会让人感觉你难以相处，认为你高冷孤僻。

选B：开朗可爱

选择"不想继续奔跑的人"，说明你是一个心思不多的人，喜欢有话就说，不喜欢猜疑；你个性开朗，常把大家逗得开怀大笑，是朋友眼中的开心果。因为性格直爽、为人单纯、没有什么坏心眼，常会让人感觉你值得深交，是一个很可爱的人。

选C：平易近人

选择"对方是个心事重重的人"，说明你常站在别人的立场分析问题；你的所作所为，在朋友的眼里体贴动人；另外，你性格温和，擅长控制自己的情绪，与别人相处时彬彬有礼；在大家的眼里，你是一个老好人，更是一个很有亲和力的人。

选D：感情用事

选择"对方一定很伤心"，说明你在生活中多是一个感情用事的人，在别人眼中，你的心情就像天上的云朵一样，变化很快；你的情绪常会因受到情感的影响而发生变化；另外，你会凭直观印象去评价一个人，往往有失偏颇；当你对其产生好感时，就会流露出善意的一面，否则，就容易冷冰冰的。

沟通就是说服人

CHAPTER 3

专注倾听，抓住重点方可轻松说服

美国前国务卿迪恩·拉斯科说："说服别人的最好方式是用耳朵倾听他们在讲什么。"当然，倾听并不是自然而然的事情，它因交流所需而产生，并且需要很高的技巧。倾听也并不是说话的对立面，事实上，说话的对立面更像是等待时机去打断。

真正的倾听是一项非常复杂的技能，需要你保持开阔的心胸，公正无私地去倾听；从对方的话语中获得字面信息，并懂得破解各种隐藏的信息；然后据此做出反应的一个大致过程。其中，倾听细节的技巧和注意点还需要你深入去掌握。总之，只要你能做到专注倾听，抓住关键之处，就能达到说服的目的。

高明的说服者往往都善于倾听

其实说服的过程就是双方交流的过程。你说的时候，别人在听，那么轮到别人说的时候，你也需要认真倾听。只有认真倾听，才能全面理解别人的意思，实现说服的目的。

在生活中，很多人对倾听所产生的作用都抱有漠视的态度，他们认为，一个高明的说服者必须以"说"为主。这样的观点是错误的。事实上，在说服的过程中，倾听与说同等重要。因为通过倾听，可以更深入地了解对方的想法，这样在沟通中就比较容易掌握主动权。而往往高明的说服者都善于倾听。

卡耐基是美国著名人际关系学大师，美国现代成人教育之父，西方现代人际关系教育的奠基人，被誉为20世纪最伟大的心灵导师和成功学大师。

一次，卡耐基参加了一个桥牌聚会，但是他对桥牌并不太感兴趣，恰好一位金发女士也不怎么喜欢玩桥牌，于是他们俩聊起天来。

当这位金发女士得知卡耐基曾是电台主持人汤玛斯从事无线电事业之前的私人经理，专门负责替他撰写各地旅游的观感见闻时，她很感兴趣地问道："卡耐基先生，您能不能给我讲讲您在各地旅游的所见所闻？"接着她又说道："我和丈夫刚从非洲旅游回来不久，那里还不错。"

但卡耐基并不想和她谈论自己的旅游经历，可是怎么说呢？卡耐基当然有办法。"非洲！"他惊呼一声，"我想非洲一定非常有趣，可我除了去过阿尔及利亚边境外，还没去过其他任何地方。你能给我讲讲你们的非洲之旅吗？我很感兴趣。"

在接下来的聊天中，卡耐基成了一位倾听者，而这位女士果然再也没有问起卡耐基任何有关各地旅游的见闻。他达到了自己的目的。

卡耐基通过倾听简单地达到了自己的目的。因此，倾听在说服中也很重要，多倾听别人说话，就能在说服中收获更多机会。

另外，纽约大学社会学专家达尼尔·格兰做过这样一个实验：他把每三个女大学生分成一组，每一组由两名同校女大学生和一名外校女大学生组成，让她们进行10分钟的交谈。在沟通过程中，因为一组中有两人是同一所学校的，因此她们交流时就会忽略那名外校的女大学生。

最后，实验结果显示，两名同校女大学生在交流中使用的重音占谈话的11%，而被忽略的那名外校女大学生在交流中的重音达到了41%，并且这些外校女大学生都感觉自己性格内向。这说明，不懂得倾听，就会让对方产生一种消极的情绪。

由此可见，善于倾听的人才能处理好人际沟通关系。但是，需要注意的一点是，倾听绝不是简单地在别人说话的时候保持安静，那远远不够。要想成为一名优秀的倾听者，必须遵守以下三条原则：

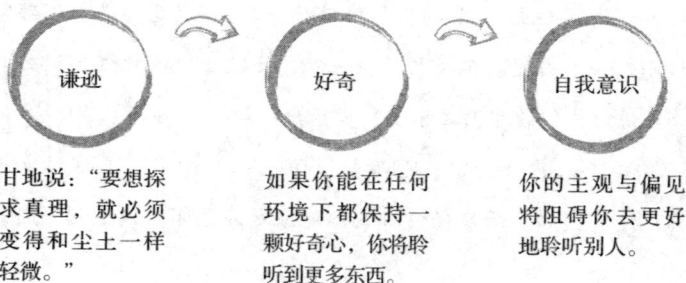

谦逊

甘地说："要想探求真理，就必须变得和尘土一样轻微。"

好奇

如果你能在任何环境下都保持一颗好奇心，你将聆听到更多东西。

自我意识

你的主观与偏见将阻碍你去更好地聆听别人。

倾听应全程接收，不要中途打断

> 人们通常都喜欢自己说，而不喜欢听别人说，常常在没有完全了解别人的情况下，就盲目打断别人，这样容易造成人际沟通的障碍、困难，甚至是冲突和矛盾。

生活中，我们之所以在人际交往中败下阵来，不是败在了不会说话上，而是败在了说得太多，说话的时机不对，总习惯在倾听时打断别人，急于了解对方或表达自己，这样会妨碍倾听的真正意义。

其实，我们之所以不能全程倾听，都是自我在作怪，源于我们不能控制自己将注意力集中在别人身上，也很难放弃自己的主观判断。另外，自身还缺乏识别对方发出的一些隐含信息的技巧。这样很容易使我们失去一些有用的信息或遗漏了对方想要传递的信息。

约翰·R.斯托克指出："由于我们可能没有意识到自己的倾听行为，所以，我们需要慎重而有目的地学习和锻炼一些技巧，以便成为更好的倾听者。"那么，如何能克服这种话听一半就发言的糟糕习惯呢？下面给大家具体介绍一些方法，以帮助大家更好地理解别人的想法和感受，进而轻松说服别人。

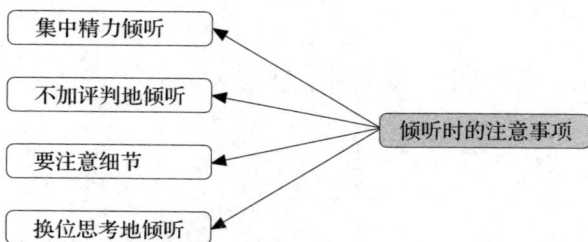

集中精力倾听

不加评判地倾听 ← 倾听时的注意事项

要注意细节

换位思考地倾听

1. 集中精力倾听

集中精力倾听需要我们有很好的自制力，全身心地听别人说什么，并要听对方话中隐含的信息。但有些时候，冗余的事情会充斥我们的大脑，使我们无法集中精力。最好的办法是在发现自己走神的时候集中注意力，努力回到当下的对话中。

当我们的大脑真的没办法集中时，可以这样说：

"真的很抱歉，我们可以等我能集中注意力听你说话的时候再谈吗？"

这样比随随便便地继续一段对话更尊重对方，也更有效率。

2. 不加评判地倾听

通常，我们在倾听别人说话时，会验证我们自以为懂得的东西或我们认为别人应该懂得的东西。因此，我们总是不断地从评判的角度去听，这种倾听表现出来的是喜欢接别人的话，打断别人说话，设法说服对方接受自己的看法。其结果会让被说服者对我们产生反感，使我们错过别人表达的一些内容或方式。

不加评判地倾听很困难。法国作家西蒙娜·薇依曾这样写道："倾听一个处于痛苦中的人，不但十分罕见，而且非常困难。那简直是奇迹，那就是奇迹。有些人认为他们可以做到，实际上，绝大部分人还不具备这种能力。"但我们要尽量做到：理性观察，不做应激反应者；先征求对方的同意再提供建议；通过提问题来挖掘支持对方消极说法的例子。比如，别人对你说："你不相信我！"你可以这样回答：

"你可以给我举个例子吗？"

3. 要注意细节

集中精力和不加评判的一个简单的办法就是要注意细节。比如倾听数据和事实，注意对方的姿势、眼神、手势、嘴唇情况等。

4. 换位思考地倾听

换位思考地倾听是要提高自己的情商，了解对方因什么而变得戒备，怎样才能平息情绪化的反应。通过消除谈话对象的戒备心和揭露其情绪背后隐藏的意思，可以增进你对自己及别人的理解。

善于分析，倾听出对方的言外之意

> 一个聪明的倾听者，不能仅仅满足表面的听和理解，还要从说话者的言语中听出话中之话，才能真正把握说话者的真实意图。

语言是非常奇妙的，同一种表达方法可以有多种意思。比如，对方说你"有个性"，真正的意思可能是"你这人真是太幼稚了"；说你的功劳大家都记在心里，真正的意思可能是"相对别人来说，你的功劳还是太小了"；等等。因此，要想听出对方的真实想法，就要动点脑子才行。

罗杰斯是一位理财咨询代表。一次，他在和潜在客户的对话中，听到最常听到的那句回应："我还是再考虑考虑吧。"罗杰斯似乎感觉到了什么，之前沟通得还挺顺利的，客户还详细地询问了一些细节问题。

于是，罗杰斯真诚地问："听起来您好像还有一些疑惑，我能冒昧地问一下，是什么地方有问题吗？我看是否能提供一些帮助。"这位客户犹豫了一会儿，便向罗杰斯敞开心扉说出了心中的疑惑。原来是竞争对手恶意宣扬公司的一次小小失误，导致客户拒绝了与罗杰斯的业务合作。

罗杰斯弄明白了原因后，通过坦诚地向客户解释，终于消除了客户的顾虑，最终让潜在客户变成了他的真正客户。

上述案例中，罗杰斯通过认真倾听和分析，捕捉到了客户的言外之意，进而了解了对方内心的真实想法。假如罗杰斯不去认真倾听和分析客户的言外之意，想必他也不会拿下这个订单。

一位在商业上颇为成功的沟通高手认为，他在与人谈业务时之所以能够取得成功，原因在于他不但能细心倾听客户讲的话，而且能听出对方没讲出来的话。

比如，一位销售经理说："如果我们不能达到我们的销售目标，要付出很多代价的。"他可能是在说："我觉得达到目标很有压力。"

又如，一个孩子说："我并不想参加学校的表演选拔。"他可能是想说："我担心自己不够好，不想被看作一个傻瓜。"

因此，我们要想听出对方话语背后的真实想法，就必须要深度地倾听，要在他人说话时完全地关注，并善于分析和思考。

那么，我们如何才能听出对方的言外之意呢？可以参考以下几个主要方面。

注意欲言又止的情况

当对方说到一半突然不说了，说明他将要说出心里话，但由于某种原因停下来了。这时，你应鼓励对方说出后面的话。

注意语速或动作的突然改变

如果一个人说话速度突然加快，或者有意逃避眼神等动作出现，你一定要提高警惕，他说的话很可能是言不由衷的。

忽略形容词

比如，一些说话夸张的人会说："你完成得非常非常棒！""你真的非常漂亮！"这时，你千万不要以为自己真有那么好，也许最多不过是"好"而已。

利用反馈式倾听，使对方畅所欲言

> 倾听并不是闭上嘴巴、竖起耳朵就能做好的事情，最关键的是应该采取反馈式倾听，让对方感受到自己是在认真倾听，营造一种尊重对方的沟通氛围。

　　好的倾听者善用反馈式倾听。反馈式倾听，就是通过认真倾听对方的观点，了解对方的想法和感受，并按照自己的理解将对方的想法和感受反馈出来。其好处是，如果我们的反馈与对方的心声一致，对方就会跟我们产生惺惺相惜之情；如果我们的反馈与对方的心声不一致，对方就会更加详细地讲出来。这样，使对方畅所欲言的目的就达到了。这种倾听的奥妙在于，用提问的方式来证明自己在认真倾听，营造了一种良好的氛围。让我们先来看一下下面的案例：

　　在游乐园中，一个孩子噘着小嘴跑到妈妈身边。

孩子:"我再也不想和彤彤一起玩耍了,她拿着我的玩具去和别的小朋友玩,我自己都不知道和谁玩了。"

☒ 妈妈:"那以后就不要和她玩了,我们找其他小朋友玩,或者自己在家玩也不错啊!"

☑ 妈妈:"她拿着你的玩具和其他小朋友玩,却不和你玩,你感到很伤心,对不对? /你感到自己被抛弃了,是吗?"

……

在这个案例中,这个孩子跑向妈妈时是有情绪的,他需要的是别人的理解,而案例中妈妈的第二个回答就很好地利用了反馈式倾听,说出了孩子内心的真实感受,这样孩子就会更愿意与妈妈分享自己内心的想法。

《关键对话》的作者科里·帕特森说:"鼓励对方说出真实的想法,最简单、直接的方式就是请他们开口表达。在对话中要想打破僵局,你只需理解对方的观点即可。"因此,在沟通的过程中,我们要学会使用反馈式倾听。

但是,反馈式倾听并不是没有一点风险。因为当对方停下来听你说的时候,未尝没有从你的话中找把柄的心态。如果我们误解了对方的真实意思,也会得到相反的效果。

因此,在进行反馈时,要非常注意语气。一个人在听别人谈论自己的感受和需要时,将会留意其中是否暗含着批评或嘲讽。如果我们的语气很肯定,就仿佛在宣布对方的内心世界,那么,通常不会有好的反应。然而,一旦对方通过我们的语气意识到我们是在认真倾听和体会，而非下结论，他一般就不会产生反感。

练习

下面是两组对话，请问，在对话中，倾听者是否在用心体会说话者的感受和需要并给予反馈？

对话一：

A：你怎么能那样和我说话？

B：我那样说话，你是不是很伤心？

在这个对话中，倾听者B是在为说话者A的感受负责，但没有用心倾听及给予反馈。B可以这样说："听起来你很伤心，因为你需要体贴？"

对话二：

A：我真的受不了我自己，我现在变得这么胖！

B：慢跑也许会有帮助。

在这个对话中，倾听者B是在提建议，但没有用心倾听及给予反馈。B可以这样说："你对自己有些不满意，你很看重身体健康，是吗？"

小测试：你的倾听能力如何？

下面每一道题都可以用"A；一贯，B；多数情况下，C；偶尔，D；几乎从来没有"之中的一个来回答，自我测试一下，请记下你的答案。

1. 力求听对方讲话的实质而不是他的字面意义。

2. 以身体姿势表达你在入神地听对方说话。

3. 别人讲话时不急于插话，不打断对方的话。

4. 一边听对方说话一边考虑自己的事。

5. 听批评意见时不激动，耐心地听人家把话说完。

6. 即使对别人的话不感兴趣，也耐心地听人家把话说完。

7. 不因为对说话者有偏见而拒绝听他说话。

8. 即使对方地位低，也对他持称赞态度，认真地听他讲话。

9. 因某事而情绪激动或心情不好时，避免把自己的情绪发泄在他人身上。

10. 听不懂对方所说的意思时，利用有反馈地听的方法来核实他的意思。

11. 利用套用法证明你能正确地理解对方的思想。

12. 利用无反馈听的方法鼓励对方表达出他自己的思想。

13. 利用归纳法重述对方的思想，以免曲解或漏掉对方所传达的信息。

14. 避免只听自己想听的部分，注意对方的全部思想。

15. 以适当的姿势鼓励对方把心里话都说出来。

16. 对对方保持适度的目光接触。

17. 既听对方的口头信息，又注意对方表达的情感。

18. 与人交谈时坐合适的位置，使对方感到舒适。

19. 能观察出对方的言语和心理是否一致。

20. 注意对方的非口头语言所表达的意思。

21. 向讲话者表达出自己理解他的情感。

22. 不匆忙下结论，不轻易判断或批评对方的话。

23. 听话时把周围的干扰因素排除到最低限度。

24. 不向讲话者提太多问题，以免对方产生防御反应。

25. 对方表达能力差时不急躁，积极引导对方把想法准确地表达出来。

26. 必要时边听边做笔记。

27. 对方讲话速度慢时，抓住空隙整理出对方的主要思想。

28. 不指手画脚地替讲话者出主意，而是帮助对方确信自己有解决问题的办法。

29. 不伪装，认真听人家讲话。

30. 经常锻炼自己的倾听能力。

【测试结果】

A，4分；B，3分；C，2分；D，1分。

【结果分析】

得分	分析
105~120分	说明你的倾听能力很好
89~104分	说明你的倾听能力良好
73~88分	说明你的倾听能力一般
72分以下	说明你的倾听能力很差

精准表达，高效而快速地实现沟通目标

　　很多时候，对方之所以违背你的期望，是因为你的表达不够精准。是否清楚明白地表述了你的话语，决定了能否达成你的期望。在每个人的心中，通常都觉得自己的表达是清楚的，但是，当你的表达模糊、没有吸引力、啰唆时，对方就会通过他的心理模式对你的要求或指示进行过滤式解读。当发生这种情况时，你就只能任由别人按照他的方式去解读。

　　蹩脚的表达让你处处碰壁，而精准的表达能让对方迅速理解你的话语，从而高效、快速地实现沟通目标。

精练表达，三言两语说到点子上

> 说话表达贵在惜语如金，言简意赅，以最精练的语言表达最深的内涵，三言两语就能把话说到点子上。

我们不妨回想一下，那些跟自己特别聊得来的人，是不是说话简明清晰，让我们一听就能心领神会？再回想一下，他们在对话中是不是有明确的中心句？当我们认真回味后，就会明白为什么跟他们的沟通效率会那么高了。

虽然有的人很健谈，但讲话总说不到点子上，经常给人不知道想表达什么意思的感觉。这很容易使人不愿意再和他沟通下去。曾有位"啰唆先生"在给家人的信中说："前日来信说我啰唆，今日不复啰唆矣！对面两条黄狗咬架我不啰唆，隔壁王大妈和李大娘吵嘴我不啰唆，门没关好我就在写信更不啰唆……至于我回家的时间，下月不在初一就在初二，不在初二就在初三，不在初三就在初四，不在初四就在初五……不在二十八就在二十九，所以不写三十，乃月小之故也。"

　　啰唆先生的书信完全可简写为"我下月将返乡"，却啰唆了这么长。相信很多人看到这样的话都觉得索然寡味。虽然这只是一则笑话，但它告诉我们一个深刻的道理：讲话啰唆就会失去吸引对方的魅力，不利于对方理解我们的讲话内容。

　　换个角度说，如果三言两语的表达更有力，或同样有力，为什么还要使用冗长而拖沓的表达呢？彼得·迈尔斯教授指出：我们要求你严格将中间部分的讲话内容归纳为3个要点，即使你确定至少有17个要点需要阐述也是如此。为什么是3个呢？3是个广泛使用的数字。坦率地说，人们想要处理的事情是三类，容易学习和记住的事情也是3类。已有的研究发现，大脑并不像录像机那样不间断地记录数据。相反，它会将信息分成有意义的3类。

　　因此，在沟通表达时我们要想让对方在短时间内高效地理解和记住自己的说话信息，最好应使用三点式表达。比如：

　　☒ "我要说的有三点，第一点是……此外，还有……这是我说的第二点，除此之外，我要说的第三点是……"

　　☑ "我要说的有三点，第一点是……第二点是……第三点是……"

　　☒ "首先，我们这样做符合业内的习惯……当然，也有反馈意见说对这种策略表示抗议……除此之外，还应该考虑这个方面……"

☑ "我的第一个理由是……第二个理由是……第三个理由是……"

三点式表达不仅能把我们准备的长篇大论展示得更加清晰，还能帮助我们在准备不足的慌乱局面中稳住阵脚。总之，能用三言两语说明的事情尽量不要用过于冗长的语言，尽管我们内心深处都有向对方分享全部观点的冲动。

缜密表达，逻辑严谨无懈可击

不少说服之所以效率低，往往就是因为某一方的话语表达没有逻辑性、语言不严谨。这会导致对方难以理解其中的真实意思，甚至造成不必要的误会。

通常而言，我们很难把心中的想法和感受完美地描述出来。沟通对象需要根据我们的描述在头脑中重新构建一个图像。我们描述得越生动准确，对方脑中的图像就越清晰明白。如果我们没把逻辑理清楚，表达东一榔头西一棒槌的，对方很容易产生不满情绪。这就很难达成说服目标。

我们来看下面的表达：

☒ "我用过他家的产品，简直糟糕透顶。所有人都知道他家的客户服务做得很差，送货态度也不好，要不是为了能买到好产品，我才不买他家的呢。"

☑ "我用过他家的产品，质量很不错，但公司的客户服务不是很好。"

显然，第一种表达方式很可能会使对方对说话者产生怀疑。因此，我们在表达时要精准严密，以免言谈出现闪失，授人把柄，甚至作茧自缚。

那么，我们如何使自己的话语不偏离说服目标，更具逻辑性呢？主要注意以下三个方面：

<table>
<tr><td>明确自己的
对话目的</td><td>梳理一遍
自己的对话
逻辑</td><td>准备协助沟
通的工具</td></tr>
</table>

1. 明确自己的对话目的

在说服沟通中，我们要明确自己的对话目的，明白自己真正想要实现的事情是什么。如果不以解决问题为目的进行沟通，势必会使对话变得盲目。

但是，有些人即便明白自己的对话目的，也往往会选择回避谈论它。因为他们害怕自己无力解决，怕未知数带来更坏的结果。这种心态不仅降低了沟通效率，还可能会使事情变得更糟。

乔治·汤普森曾指出："目的，显而易见，是你的底线。你必须以专业的方式达到效果。如果你其他所有的地方都做对了，但是没有达到你原来的目的，那么显然你还是失败了……如果你真的在观点、观众和声音这几方面下了功夫，你的预设目的通常也能顺利达到。"因此，在说服的过程中，我们要明确自己的对话目的，在心中要问自己："对话的话题是什么？""我想要什么？为什么？"

2. 梳理一遍自己的对话逻辑

一些人认为自己健谈就能搞定一切沟通问题，这是一种不应有的盲目自信。其实，在沟通过程中，任何人都有可能对自己没准备好的问题做出不恰当的反应。尤其在激烈争论的时候，更容易说出一些毫无逻辑性的话语。因此，在与对方沟通前，梳理一遍自己的对话逻辑是非常有必要的。

3. 准备协助沟通的工具

高明的说服者为了使自己的对话节奏在一定程度上不偏离自己的预想，他们常常会准备好提示物。尤其在一对多的沟通场合中，这种准备工作更加重要。比如在记事本上列出大纲，制作幻灯片、提示卡等都可以使我们想起暂时遗忘的讲话内容，以保证我们能有逻辑地表达。

精彩表达，高明措辞提升影响力

> 在对话过程中，即使是同样的内容，只要使用高明的措辞，也能把得到肯定回答的可能性提高三成左右。

措辞是指人们在说话交流的过程中，经过深思熟虑，综合考虑受众的思想、情感、心理特征、个性特点、学历背景、生活习惯等因素的情况之下，精心选用恰当的词语、句子，有效表达自己的意思，并让受众易于理解、接受、相信的一个互动过程。

话语能打动人心是沟通效率高的一种表现。要做到这一点，就要好好组织措辞，因为措辞会影响到一个人的行为意愿。同样的意思，不同的措辞，表达效果就会不一样，听者的回应也截然不同。

比如约会当天，对方打来电话：

☒ "对不起，我突然有工作要做。今天的约会取消吧。"

☑ "对不起，我突然有工作要做，但我更想见你。"

上例中，被道知的一方听到第一种措辞后，除了失望，可能还会产生这样的感觉：他（她）根本不重视我。第二种措辞会使被通知一方的心情立马变得不一样。因为措辞中蕴含着爱意，虽然取消了约会，但这样的措辞能增加俩人之间的感情。

想必大家都明白了措辞的重要性了，但怎样才能表达出高明的措辞，提升说服的影响力呢？日本著名沟通专家佐佐木圭一提出了三个步骤：

不直接说出 自己的想法	揣摩对方的 心理	考虑符合对方 利益的措辞

1. 不直接说出自己的想法

这一点非常重要。通常，人们总是很容易把未经考虑的想法脱口而出，但这样的表达苦常事与愿违，引得对方反感。

2. 揣摩对方的心理

直接说出自己的请求，对方会有什么反应呢？如果你猜测对方会有肯定的回答，那么你当然可以说出来。但如果你猜测对方会拒绝，请根据对方的喜恶、爱好等，揣摩一下他的心理和想法。

3. 考虑符合对方利益的措辞

在基于对方的心理来考虑措辞时，提出的请求要符合对方的利益，这样会比较容易达到自己的目的。另外，措辞应采用积极正面而非情绪化的词语。因为情绪化的词语会招致对方的防备，并且，通常会阻挠我们实现沟通的目的。

根据上面的三个步骤，我们可以看一下下面的实践案例。

◎让砍价高手按定价购买的措辞

☒ "不好意思，商品不打折。"（不能直接说出）

☑ "请允许我送上我的真心作为赠品，还请高台贵手。谢谢。"（揣摩对方的心理）

◎妻子说服完全不运动的丈夫开始锻炼的措辞

☒ "一起多运动运动吧。"（不能直接说出）

☑ "我想夜跑，但自己一个人害怕，你能不能陪我一起跑呢？"（揣摩对方的心理）

◎让不愿意牵手的孩子主动牵手的措辞

☒ "马路上很危险，拉住妈妈的手。"（不能直接说出）

☑ "妈妈一个人不敢过马路，你能不能拉着妈妈的手一起过去呢？"（揣摩对方的心理）

总之，高明的措辞才是精彩的表达，才会使说服技巧更上一层楼。

幽默表达，令人讨喜的艺术

幽默可以带给人们愉悦，缓和紧张的沟通氛围，拉近人与人之间的距离。这样，双方就能坦率而平和地对话，让沟通效率直线上升。

日本谈话专家内藤谊人先生说："如果希望对方聆听你的讲话，最好的方法是将自己的讲话变得生动有趣。要撒播幽默的诱饵，将对方吸引过来。而且，如果希望给对方留下深刻的印象，就要使自己的讲话变得富有幽默感。因为这将给对方留下'嗯，真是个有趣的人，希望以后还能再见面'的印象。"总之，沟通高手无不善于用幽默打开对方的内心，把话说到对方的心里去。

我们来看下面的两句话，你觉得哪种效果更好呢？

☒ "小王，你有三个臭毛病：迟到、粗心、拖延。要不要当着其他人的面把你的这些缺点说出来，让大家听一听？"

☑ "每一位优秀员工都有三大敌人：迟到、粗心、拖延。恭喜你，因为你已经完全战胜了你的敌人。"

那么，我们如何使自己具有幽默感呢？我们可以事先学习一些经典的笑话，在关键的时候讲出来；也可以灵活运用一些修辞手法，比如极度的夸张、反常的妙喻、对比、拟人等都能构成幽默。另外，选词的俏皮、句式的奇特也能构成幽默；要用"趣味思维方式"捕捉生活中的喜剧因素。

当然，幽默并不是引人发笑就可以了。恰到好处的玩笑具有积极的作用，而让人无法接受的玩笑就容易伤害到对方。因此，幽默时应该把握分寸，适可而止。要想做到这一点，需要注意以下几个方面。

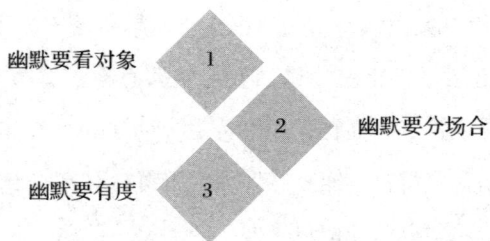

幽默要看对象　　1

　　2　　幽默要分场合

幽默要有度　　3

1. 幽默要看对象

人的性格、身份、心情不同，对开玩笑的承受能力也不同。比如，很多时候开个玩笑只是无意之举，大不了一笑置之，但是如果对方是性格较真的人，你觉得是开玩笑，对方则可能觉得是讽刺。

因此，开玩笑也要看对象。

2. 幽默要分场合

在开玩笑时一定要注意场合。通常，严肃静谧的场合不适合开玩笑；喜庆的场合，适当的玩笑能增添喜悦的气氛；工作场合，一般不宜开玩笑；茶余饭后闲谈时，可以开一些无伤大雅的玩笑；等等。

3. 幽默要有度

开玩笑应该有一个底线，即玩笑不能伤害到他人的尊严。如果玩笑开得使对方太难堪了，就适得其反了。比如，笑你的同学考试不及格，笑你的同伴在走路时跌了一跤，笑你的朋友被爱情骗子欺骗……本来应该对这些报以同情的，你却将它们当成了笑料，这样做于你又有什么好处呢？只会让对方认为你是个冷酷无情的人。

故事表达，用深情收服人心

> 故事不仅是一种创作方式，更是一种思维模式，借助故事可以更有效地激励、说服与影响别人，从而解决问题，达成目标。

不知道大家有没有过这样的经历：听到冗长的理论就昏昏欲睡，而一听到故事就立马精神起来。这是为什么呢？原因很简单，人们总是喜欢听故事。

故事能吸引人，不仅是因为我们在听故事时能产生很强的代入感，还因为我们能通过故事去深思、去感悟。这也是很多历史事件或箴言都以故事的形式流传千年的原因。

在说服沟通的过程中，通过讲故事收服人心、处理沟通问题具有很好的效果。这也是很多成功人士经常做的事情。比如在苹果公司举行新产品发布会时，乔布斯总会亲自讲述产品和产品背后的设计、生产故事，让外界对产品有一个全面的了解。

那么，如何提高我们讲故事的技巧呢?《对话的禁区》的作者罗布·肯德尔说:"伟大的领导能够通过栩栩如生的故事，抓住人们的想象力和注意力，无论是在描述未来的愿景，还是如何为客户服务。如果留心那些杰出的讲故事的人，从他们身上学习，我们就可以提高我们的技巧。"

另外，讲故事时应注意以下几个方面。

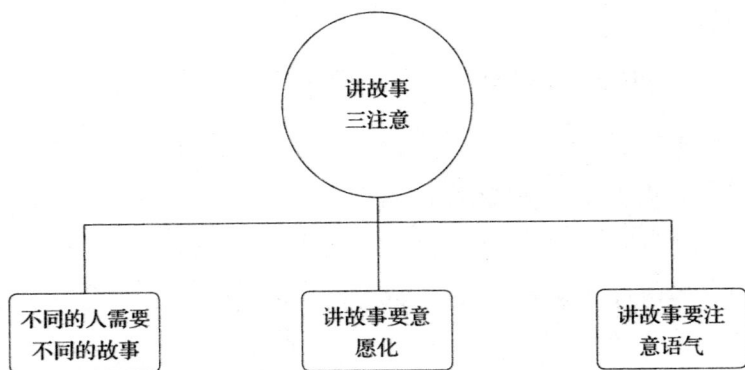

1. 不同的人需要不同的故事

我们在选择故事时要灵活，依据不同的人选择不同的故事，才能达到目的，如果不能让对方听懂，那这无疑是失败的讲述。

不同的人有不同的需求，我们的故事应该为对方的需求服务。

领导面对员工，讲故事应从实际出发，选取榜样的故事激励员工。

朋友之间，应该更多分享自己身边的事，让朋友了解自己的同时交流情感。

在大学讲堂中，年轻人需要冲劲和鼓励，那么讲故事要以励志、分享经验为主，让他们对未来充满希望。

不同的人的关心点不同，我们的故事也应相应做出调整。比如有的人关心电影音乐，有的人关心明星八卦，有的人关心时事政治。对他们来说，聊他们关心的故事才能让他们打开话匣子。

2. 讲故事要意愿化

故事中的每个角色都有自己的意愿，没有角色是孤立存在的，角色要相互支撑，并且有各自的意愿。而在讲述故事的过程中应注意完成一些人的意愿，打破一些人的意愿，以做到冲突和对比。需要注意一点：在讲故事时首先要表述主角的意愿。

3. 讲故事要注意语气

讲故事时的语气可以决定你的故事是否可以产生足够的影响力。相同的一句话，用不同的语气讲出来，效果是不一样的。因此，在讲故事前最好先把自己的情绪调整好，切忌让自己的语气里带有负面的情绪，比如愤怒、沮丧、不自信、不尊重别人。

最后，要注意无论你的故事多么精彩，千万不要忘记你的目的是说服听者。让对方参与到故事中，才是讲好故事的关键。

小测试：你的精准表达能力如何？

你了解自己的精准表达能力吗？快来测一测吧。

1. 别人觉得我说话啰唆，废话太多。

A. 经常——➤ 2　　　B. 偶尔——➤ 3

2. 我说话词不达意，令对方产生误会。

A. 经常——➤ 4　　　B. 偶尔——➤ 5

3. 我觉得不是我说不清楚，而是大家没耐心听我说完。

A. 经常——➤ 6　　　B. 偶尔——➤ b

4. 我经常打断别人讲话，并且懒得猜测对方的弦外之音。

A. 经常——➤ c　　　B. 偶尔——➤ 5

5. 我给下属开会时，很难获得反馈，而且下面的人都低头不语，昏昏欲睡。

A. 经常——➤ a　　　B. 偶尔——➤ 6

6. 我懒得说话，大家不是有QQ和微信吗，用那个交流不就行了。

A. 经常——➤ a　　　B. 偶尔——➤ d

[结果分析]

　　a：你是一个令人厌烦的家伙。你会经常觉得有话说不完，但是别人没有耐心听完你想说的话，或许他们经常无礼地打断你。可以说，你嘴巴的开关就像一个坏了的阀门，关不上。再喋喋不休下去会令人更加厌烦的。但是，没关系，本书中有关倾听的章节，可以治疗你的坏毛病。

　　b：比较啰唆。你冷静时说话会变得言简意赅，一针见血。然而，当你紧张或兴奋时，你的大脑皮质因为过于亢奋，导致你说话时词不达意。虽然这不是你的本意，你也想把话说清楚。但有时候，你的词不达意、唠唠叨叨也会让人厌烦。

　　c：你算是啰唆中的简约派，但你说的话常常让人摸不着头脑。在大部分时间里，虽然你惜字如金，但是由于你的话太少，以至于别人很难猜透你的内心。或许此刻，你会不以为然地认为别人的话太多，但还是要告诫你，如果不想成为"孤家寡人"，还是多锻炼一下与人沟通的能力吧。

　　d：你是一个能说会道的人，很受大家的欢迎。

沟

通

就

是

CHAPTER
5

明察秋毫，看穿对方肢体中无法遮掩的话语

　　西方心理学开山鼻祖弗洛伊德说过这样一句经典名言："任何人都无法保守他内心的秘密。即使他的嘴巴保持沉默，但他的指尖却喋喋不休，甚至他的每一个毛孔都会背叛他。"由此可知，任何一个人的内心都是有踪迹可循、有端倪可察的，不管他掩盖得多么严实，只要我们用心观察，都会不经意地从各种动作细节中发现蛛丝马迹。

是

说

服

人

读懂眼神，看透对方的内心

眼睛被誉为"心灵的窗户"。如果人们内心有什么欲望或情感，必然会表露于眼神中。因此，透过眼神了解他人的心态，对沟通具有重要意义。

或许你还清楚地记得你第一次约会时的情景，当时，对方只是用眼睛看着你，但你一样能够感觉到对方一点也不讨厌你，甚至感觉还不错。这就是眼神的作用。

人们形容眼神凌厉之人时，常会开玩笑说："用眼神秒杀全场。"虽然这是一种调侃，但事实上，眼神所折射出来的内容远比我们知道的要多。的确，一个人内心的情感变化、情绪波动，甚至隐藏在表象之下的真实想法，都可以通过眼神流露出来。

那么，关于眼神，都有哪些心理解释呢？

1．注视时间的长短

英国心理学家迈克尔·阿盖发现：人们在对话时，平均有61%的时间在注视着对方。所以，他得出这样一个结论：注视时间的长短，反映了人们内心的喜好。比如，过长时间盯视说话者，含有挑衅的意味；过短时间的注视，暗含厌倦或怯懦。

2．眼神光芒四射

第一种解读就是对当前的话题或者事情有很大的兴趣，很想表达与加入；第二种解读就是戒心十足的表现，当对方眼睛闪烁光芒时，表示他对你怀有警戒心，甚至可以理解为发怒的前兆。

3．眼神涣散

眼神涣散没有注意力，或者眼神游离不定、四处张望时，说明对方一有机会就会立刻转移目标，他的心根本不在这里。

4．眼神漠视

当一个人的眼睛漠视周围环境的时候，有两种可能的心理状态：第一种可能是他在思考其他的事情，对现在的对话不感兴趣；第二种可能是瞧不起对方。眼睛毫无表情时，内心甚至可能有反感或抵触的情绪。

5. 突然闭眼

你可能根本无法想象在沟通中的人会突然闭上眼睛，但这是事实。很多时候闭眼并不是一个人的有意识行为，而是感到无聊或者认为有优越感的时候自然出现的无意识行为。

如果对方闭眼的同时，还将头向后倾，然后再看着你，也就是对方"眼睛长在头顶上"，这只说明一个问题，你的谈话让对方很反感，你需要换一种方式进行沟通。

6. 斜着眼睛看

当你看到对方斜着眼睛看，同时还出现眉毛高挑或微笑时，那么恭喜你，他对你很感兴趣；如果对方斜着眼睛看，同时出现眉毛下垂、皱眉头或嘴角下垂时，则意味着他对你表示怀疑，或对你怀有敌意。

手势不同，透露的含义亦不同

其实，人的双手与大脑间的神经关联远多于人体其他部位。因此，人们的手势会给我们透露许多含义。

手是人们身体最灵活的部位，手势具有最丰富的内涵。手势语言是人类在漫长的进化历程中最早使用的一种沟通工具，它是运用手指、手掌和手臂的动作变化来传达信息的一种无声语言。比如我们常见的竖大拇指是表示赞赏，用手拍脑袋是恍然大悟等，这些看似简单的手势在沟通中传达着重要的信息。

1. 双手在脑后交叉

摆出这种姿势的人，他的内心往往在对你说"我早就知道一切了""你还差得远呢"等，似乎一切都在他的掌控之中，而你显然不值一提。因此，这种姿势很少用在上司或长辈面前。这种姿势是自信心强、支配性强和优越感强的表现。

2. 双手叉腰

双手叉腰表示内心的抗议。有研究员说这是一种"预备"姿势，也有人说是"锁定目标"，但无论是哪一种，这个姿势都表明对方要采取某种行动。因此，假如你的沟通对象展示出这种姿势，很可能表明你们的沟通并不成功，甚至你可能要迎接一场"战斗"。

3. 托盘式手势

当女性面对心仪的对象时，常常会做出这个手势。双肘支撑在桌面上，两只手搭在一起，把下巴放在手上做出托盘的姿势，这表明对对方感兴趣。

4. 双手平摊

当人们说心里话时，会有意识或无意识地平摊开双手给对方看，这个动作使人觉得说话者要讲真话了。

5. 双臂交叉在胸前

这种姿势常见于人们在陌生的环境中，尤其是在公开集会上、电梯里或排队时。因为双手交叉在胸前，就构成了一道阻挡威胁或不利情形的有利屏障。

6. 摆弄手指

不停地摆弄手指、敲打双脚表示精神紧张内心不安。

7．十指交叉

当人们面带微笑对话时，常会无意识地将手指交叉在一起，或放在桌面上，或抬到胸前，这表明对话轻松自然。但如果交叉过紧，则表明对方内心很不安。

8．用力地握手

用力地握手表示坚定和有信心。大多数人都会对用力握手做出积极的回应。手心垂直相握可以建立起自觉的信任；手心互不相碰，只有手指相互钩住的无力握手通常表明虚弱、无兴趣或不信任。

9．手放在下嘴唇上

如果有人把一只手放在紧绷着的双唇的下嘴唇上，表示他把想要说的话隐瞒了下去。类似的，把一只手放在脸的一侧或下巴上表示在思考。

10．塔尖式手势

塔尖式手势，指双手手指的指端一对一地结合，但手掌没有接触。从形状上来看，就像教堂的塔尖一样。使用这种手势的人很自信。

点头、摇头，寻常动作传递不寻常的信息

> 通常来说，点头代表肯定，摇头代表否定。但是，具体到不同的领域与场合，它们还会有别的含义。

许多时候，一些动作所代表的含义在人们的心中早已根深蒂固，成为社会生活中一种约定俗成的观念。人们一看到某个动作，就直观地认为它表示某种含义，而不是根据不同领域和场合进行具体的分析。比如点头和摇头。

1. 点头

某行为心理学专家针对先天盲、聋、哑人进行研究，发现他们也用点头表示肯定。因此，得出一个"点头天生论"。这个观点在世界各地都适用。点头指快速地向前低头，是同意、致意或命令等的表示。在一般的场合，点头表示肯定和赞赏，还可以表示同意、鼓励等。

但是，频繁点头就不一定是表示肯定，尤其是在你说话的时候，对方没有跟你有眼神交流，点头也不是在说话的句末，而且比较盲目，这是在提醒你，对方已经没有兴趣听你侃侃而谈了，你应该结束谈话了。

另外，通常持中立态度的人头部会抬高，且静止不动，偶尔会做出轻微点头的动作，但这并不表示他很赞同，他依然是个中间派；如果对方把头略歪向一边，然后不时地点头，则表示他对你说的话很感兴趣。

2. 摇头

通常，摇头所代表的含义是拒绝。根据某些进化生物学家分析，摇头是人们出生后学会的第一个动作。襁褓中的宝宝喝饱了便会摇头拒绝继续吃奶或其他食物。因此，看到摇头的动作，人们很自然地就会觉得那是拒绝、否定的意思。

但是，摇头的频率和幅度不同，其含义也不同。

◎摇头明显且频率较高

当摇头表示明显拒绝时，人们的头就会左右摇晃得很明显，而且频率也比较高。这个动作暗含着对说话者很不耐烦。

◎赞赏你时，却时不时地摇头

如果对方口头上赞赏你，比如说"我很欣赏你""下次我一定找你合作"，却时不时地摇头，表明他对你完全是否定的态度。因此，你需要冷静、客观地分析他的话。

◎摇头幅度小且频率很低

当一个人听另一个人说话时，也会出现摇头的动作。虽然这也是摇头，但摇晃的幅度非常小，频率很低。这种摇头的动作并不代表否定含义，反而带有一种暗示，是听者在暗示对方继续说，而他自己并没发言的打算。

总之，同样的肢体语言在不同的情景中往往有其独特的含义。你必须仔细区分这些肢体语言的微妙差别，才能真正领悟对方的意思，做到与对方更好地沟通。

坐姿语言，反映对方的秉性和心理

　　每个人都有自己独特的坐姿。从表面上看，每一种坐姿似乎都是无意识的，事实上，不同的坐姿真实反映了一个人的秉性和心理。

　　一个人的坐姿，不仅反映其惯常的性格特点，还反映出其当时的心理状态。正如某心理学家说："一个人的坐姿往往是其心理品质的定格。"因此，在沟通过程中，我们可以透过对方特有的坐姿窥探其内心世界。

1. 坐姿很端正

　　入座时，将两腿和两脚跟紧紧并拢，双手交叉放在大腿内侧，端正地坐在椅子上。通常，这类人性格与坐姿一样，为人正派、真挚诚恳、襟怀坦荡，做事情有条不紊；但容易较真，力求周密而完美，有时甚至有洁癖倾向，难免拘泥于形式且显得呆板。

从外表来看，虽然这类人有些冷漠，但他其实是个古道热肠的人。他只做那些有把握的事，从不冒险行事，因此缺乏足够的创新意识与灵活性。

2. 喜欢跷着二郎腿

一般情况下，跷着二郎腿坐着的人有着较强的自信心，对困难有着较为客观的看法，并且在生活中荣辱不惊，对人际沟通的尺寸把握得很好。所以，这类人的人际关系和生活秩序都比较稳定。

3. 喜欢抖腿

其实，抖腿是一种让他人很不舒服的坐姿，因为这种不稳定的坐姿会让他人产生焦躁的情绪。从性格根源上来说，心理学家认为说话时喜欢抖腿多是自私的表现，常做这个动作的人一般不会为他人考虑，而是以自我为中心，凡事都从自己的利益出发。只要对自己有利的事，他们往往都会不假思索地去做。

这类人也很难交到真正的朋友，因为他们会为了自己的一己之利，而不择手段，很少顾及友谊。

4. 脚踝部交叉而坐

有研究表明，这是一种控制感情、控制紧张情绪和恐惧心理、很有防御意识的一种典型坐姿。在工作上，这类人踏实认真，尽管工作能力欠佳，却也能够为实现自己的梦想而埋头努力。

5．脚尖并拢、脚跟分开的坐姿

这类人有敏锐的洞察力，能以很快的速度对他人的性格做出准确的判断和分析，但有时会高估自己的能力；做事容易犹豫不决，过分的一丝不苟将影响思维的变通性；习惯独处，交际多局限在自己认为的亲近者的范围内。

6．喜欢侧身坐在椅子上

这类人往往感情外露、不拘小节，在感情上表现得非常积极，是一个有情趣的人。不管在生活上还是在工作上，头脑一般比较灵活，有创新意识。

7．身体尽力蜷缩，双手夹在大腿中间而坐

喜欢整个身体尽力蜷缩在一起，双手紧紧夹在大腿中间而坐的人，往往自信心不足，自卑感较重，大多是一种服从型的性格。在生活和工作中，这类人很踏实、很努力，但比较死板，无法用灵活的思维来考虑问题。

8．浅坐在椅子上

这是一种处于心理劣势的表现，也是缺乏安全感的表现。当你面对这样的人时，不要盲目地托其办事或跟他谈论重要的事，因为他还没定下心来。

嘴部动作，揭露对话时的口是心非

　　　　嘴唇是肢体语言中一个重要的信息暗示点，嘴部动作反映了一个人当时的心理活动。那么，嘴部动作到底反映了什么样的心理秘密呢？

　　人的脸部肌肉会随着感情的变化而变化，其中尤以眼睛和嘴部四周的肌肉最为明显。根据嘴角弧度的不同，嘴部动作可以分为很多种，不同的嘴部动作反映了不同的心理活动。

1. 咬嘴唇

　　咬嘴唇的动作源于婴儿时期的吮吸动作。在生活中，人们咬嘴唇其实是平复心情、释放压力的一种方式。当一个人心有怨恨或愤怒，却又苦于无处发泄时，常以此来表达自己内心的不满和紧张。类似的动作包括嚼口香糖、咬指甲、咬笔杆等。

2. 舔嘴唇

当一个人面临很大的压力、心理紧张或不自在时，会用舌头不断地舔嘴唇，以此来安慰自己，并使自己镇定下来。

女生在面对男朋友时，有时会做出这个动作来诱惑对方，希望跟男朋友的关系更近一步。当然，对此不能一概而论，要具体情况具体分析，舔嘴唇的动作，有时是女性无意识的行为。

3. 捂嘴

当一个人说出了一些自己感觉不太真实的话时，大脑会不自觉地指示手去捂住嘴巴，好像在试图阻止这样的话说出来。这个姿势的标准动作是拇指按住脸颊，手掌盖住嘴巴，但有时也会几个手指盖住嘴巴，或是紧握拳头靠近嘴唇。接着，很多人会假借咳嗽来顺理成章地做出这个动作，但他们多是清了清嗓子，并非真的咳嗽。

4. 嘟嘴

通常，嘴唇缩拢是为了防止自己说出什么不好的话，而嘟嘴则表示要拒绝什么。因此，在沟通的过程中，当对方嘟嘴时，就说明他不同意你说的话，或正在酝酿转换话题。

5. 抿嘴

从心理学的角度来看，嘴唇紧抿是自我抑制的表现。当一个人面临很大的压力时，常会收起或闭紧自己的嘴唇。随着压力越

来越大，嘴唇最终会成为一条直线。这时，他的情绪和自信也跌至
谷底。

6. 撇嘴

与嘴角上扬表示喜悦相反，撇嘴的动作表达了一种负面的情绪。当一个人感到悲伤、愤怒、绝望或不屑、鄙夷的时候，他的脸上就会出现这样的表情。

另外，你还要注意对方所做出动作和语言的协调性。如果在沟通过程中，对方做出了十分夸张的动作，那么很可能是故意为之，有欺骗的意图。这时，你要仔细辨别对方表达情绪的真伪。

灵动眉毛，表情达意在其中

> 每个人都有眉毛，但它到底是干什么用的呢？除了可以防止汗、水、碎屑进入眼睛之外，还有一个重要作用——表情达意。

美国社会心理学家琳·克拉森做过一个实验，结果发现：在人们面部所隐藏的细微变化中，眉毛往往最能透露一个人的心声。眉毛在面部占有重要的位置，能丰富人的面部表情。双眉的扬起、耸起、皱起、闪动、斜挑等可反映一个人的喜、怒、哀、乐等复杂的内心活动。

下面快来看看，它们具体隐藏着哪些含义吧。

1. 扬眉

眉毛扬起，会略向外分开，造成眉间皮肤的伸展，使短而垂直的皱纹拉平，同时整个前额的皮肤挤紧向上，造成水平方向的长条皱纹。

当一个人双眉上扬时，表示非常欣喜或极度惊讶。当然，你要观察到这个动作并不那么容易，因为它从出现到结束，只有短短的五分之一秒，因此这种下意识的"眉目传情"往往被人忽略。但是，单眉上扬表示对他人所说的话、做的事不理解或有疑问。

2. 耸眉

耸眉是眉毛先扬起，停顿片刻后再降下。耸眉还经常伴随撇嘴等动作，表示不愉快。除此之外，耸眉还表示无可奈何。另外，当一个人在热烈地说话时，往往会无意识地手舞足蹈起来，用一些看似无关的小动作来强调所说的话，在讲到重要的地方时会不断地耸眉。

3. 皱眉

皱眉的情况有四种：

保护性皱眉：当遇到强光照射时会本能地皱眉，这是一种纯生理表现。

防御性皱眉：当遭到他人攻击，引起情绪强烈反应时会皱眉。

自卫性皱眉：当攻击他人时，担心对方反击，心中没有什么把握的时候会皱眉。

反感性皱眉：当反感、讨厌、不赞成某种看法或事物时会皱眉。

4. 闪眉

闪眉是指眉毛先上扬，然后瞬间下降。它是人类社会共同适用的表示欢迎的明确信号，比如两位朋友见面往往会无意识地闪眉。

　　另外，当说话的人想要强调一个词或某句话的时候，眉毛就会很自然地扬起并迅速落下，以加强语气。这是强化型闪眉；当面对上司或长辈时，常会产生类似孩子气的闪眉，不自觉地表现出乖巧和善解人意的样子，但其实质是在无意识当中想要保护自己，并不一定是在讨好人。这是胆怯型闪眉。

5. 斜挑眉

　　斜挑眉是两条眉毛中一条降低，一条上扬，这种表情多在成年男子脸上看到。眉毛斜挑所传达的信息介于扬眉和皱眉之间，伴随着歪头，有探寻的意思，反映的是一种怀疑的心理。

小测试：看看你的肢体语言IQ有多少分？

想象你从父母那里得到梦寐以求的礼物，拿到礼物时你脸上会浮现出什么表情？不小心踩到路边的狗屎呢？你的表情有没有变化呢？

毫无疑问，你能意识到特定的面部表情与特定的情绪是相对应的。而且在大多数情况下，我们都能通过周围人的面部表情识别他们的情绪状态。现在就测试一下你的肢体语言IQ有多少分吧。

第一部分　选择题

1. 区分真笑和假笑，你觉得重点看什么？

A. 嘴唇

B. 眼睛

C. 眉毛

D. 脸颊

2. 保罗·艾克曼告诉我们，以下哪个选项不属于基本、普遍的情绪？

A. 悲伤

B. 厌恶

C. 焦虑

D. 愤怒

3. 罗伯特·罗森塔尔发现的皮革马利翁效应是指什么？

A. 为了更具有说服力而模仿他人的非语言行为

B. 运用肢体语言来使自己显得更美丽

C. 使用身体姿势来表现得更有支配性

D. 通过非语言线索来巧妙地传达你的期望以影响他人的行为

4. 聊天时，你最能通过哪些非言语的身体表现来判断出对方在骗你？

A. 眼神交流

B. 笑容

C. 身体而不是脸部

D. 张开的鼻孔

5. 相互对视通常表示什么？

A. 爱

B. 愤怒

C. 服从

D. 统治

6. 身体姿势是一个表达什么的很好的途径？

A. 爱

B. 反感

C. 权威

D. 态度

7. 以下哪个选项不作为一个线索，表示在一次谈话中你应当做出回应？

A. 一个停顿

B. 声调的下降

C. 保持双手停在空中

D. 眼神交流

8. 在沟通中，对方对你的话语会立刻做出某些身体反应，这通常代表什么？

A. 优越性

B. 说服力

C. 理解

D. 亲密

第二部分　判断题

9. 竖中指在任何文化中都是一个粗鄙的手势。

10. 嗅觉也是一种无声表达的方式。

11. 当一个人的语言表达和面部表情冲突时，我们通常更相信他说的话。

12. 研究表明，一个人的智商与情商是相互独立的，不具有关联性。

13. 当你遇见某件很感兴趣的事或某个很感兴趣的人时，你的瞳孔会放大。

14. 你脸部的形状影响着你对他人的吸引力。

15. 大多数的手势都可以轻易转换为表达相同意思的话语。

参考结果

1. B。笑和假笑可以通过眯起的眼睛和眼角的皱纹来判断。

2. C。焦虑不是普遍情绪表达中的一种。

3. D。基于你的期望而产生的影响他人的行为（如：你能行！）被称作皮革马利翁效应。

4. C。骗子往往掩饰着他们的语言和表情线索，所以身体线索会暴露他们的真实意图。

5. A。凝视别人的眼睛是表达爱的一种很好的方式。

6. C。姿势在表达权威时很重要。

7. C。保持一种姿势不变，实际上表示有继续发言的意愿。

8. D。向前倚靠、接近和触摸，这些都显示了喜欢和亲密。

9. 错误。在不同的文化中，这类带有象征意义的手势意义不一致。

10. 正确。包括气味在内的所有本质上非语言明确表达的信号都称为非语言沟通。

11. 错误。当我们探究一个人的本意，特别是隐藏的情绪时，我们更看重的是非语言的暗示。

12. 错误。一个人的智商和情商是适度相关的。

13. 正确。研究发现，当人们面对感兴趣的人或物时，瞳孔会出现轻微的放大现象。

    14. 正确。脸部形状影响着你对他人的吸引力。

    15. 错误。同一种手势在不同的情境中表达的意思不同。

得分计算

正确的题目数×10分＝最后得分

得分	肢体语言IQ
140~150	肢体语言IQ爆表，非语言沟通的天才
100~130	勉强达到非语言沟通技能的大师级
70~90	在非语言沟通的领域里，你可以做得更好
60或者更低	立刻直起身，好好练习你的肢体语言表达吧

CHAPTER
6

推己及人，打破高难度沟通的困局

乍一听"高难度沟通"这个词，很多人会联想到国家政要围坐在巨大的会议桌前讨论未来发展的情形。虽然这种讨论的确具备广泛深远的影响，但这里我们所说的高难度沟通是指每个人身上都会发生的和他人的互动行为，是指可影响你的生活的那些日常沟通。

换位思考，为他人着想更易说服

> 在逻辑学中，辩证矛盾是指在客观现实中，事物自身所包含的对立面的统一关系。我们既然承认了事物的两面性，在说服的过程中就应该站在对方的角度阐述观点，这样才能使说服更容易被对方接受。

　　我们先来比较下面两个图中心的圈，哪一个更大呢？看上去很明显是第二幅图中的中心圈更大。但是，实际上两个中心圈是一样大的。

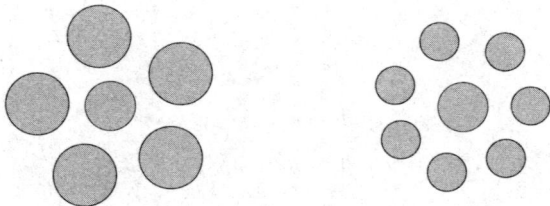

人们之所以容易得出错误的答案，关键问题是人们总是习惯通过自己狭窄的视角看待事物。在沟通过程中，如果你以某种短浅的目光看待问题，其结果可能会导致沟通进入糟糕的局面。如果你从另一个角度来看问题，或许会更容易找到对方能接受的结果。

林辉和他12岁的儿子小小辉在做作业这个问题上有一段很糟糕的对话。

林辉：儿子，该关掉电视写作业了。

小小辉：爸爸，再让我看一会儿，就一会儿，这个节目马上就播完了。

林辉：你还有好多作业没做呢，况且已经看了1个小时了，眼睛都要坏掉了。

小小辉：我边看边写作业。

林辉：这样写还能写好？！赶快关掉！

小小辉：为什么你可以边看电视边工作，我却不行啊？！

林辉：这不一样。你不要不听话，赶快关掉，否则取消周末去欢乐谷的计划！

小小辉：我讨厌你，刻薄、臭脾气！

最后，小小辉生气地关掉电视，气呼呼地写作业去了。

在上面的案例中，林辉认为小小辉看太长时间的电视了，浪费了时间，还耽误了写作业。虽然这样的对话达到了林辉的目的，但是小小辉和他的关系变得糟糕起来，或许这种气氛还会在家里蔓延。如果林辉改变一种立场和语气，从小小辉的角度考虑问题，而不是制造威胁或说教，那么问题解决起来就容易多了。比如，林辉可以这样表达：

"儿子，我知道你上了一天学后需要娱乐一下，我也并不想让你立刻关掉电视。我们可以定在10分钟后关掉，好吗？如果你还没看完，等写完作业再看。"

通常，面对与自己观点不同的人，对方都会有一定的防范心理，唯恐对方用各种手段说服自己。当对方的心门牢牢关闭时，想要说服对方无疑是非常困难的。此时，最好的办法就是先让对方放松警惕，消除戒备心理。我们上面讲到的换位思考，就是一种非常有效的方法。

那么，如何才能做到换位思考呢？具体有三个步骤：

第一步	第二步	第三步
到对方的轨道上。理解别人的轨道始于好奇心和有询问问题的意愿，然后倾听对方的话。	想象一个不同的位置。也就是你要努力想象你实际上是站在别人的位置看着自己。	放弃你的控制策略。似乎最优选择是你可以运用权威，甚至让别人承担错误。但这种效果并不是太好。

给人留余地，交谈更具有弹性

把话说得太绝，不留一丝余地，如果事情发生一些于己不利的变化，那么就很难有挽回的机会了。因此，话不能说得太满，要让自己可进可退，才能在谈话中保持弹性。

俗话说："凡事留一线，日后好相见。""话不可说尽，人不可做绝。"这两句话所表达的意思就是，给别人留一些余地，就是给自己留一条退路。

在日常生活口，我们会见到很多说话不留余地的人，他们喜欢将"放心，我一定帮你办到""绝对没问题""保证万无一失"之类的话挂在嘴边，但是最后的结果往往并不像他们保证的那样。就如同下面的案例。

美国前总统夫人希拉里写过一本自传。在出版前，美国一家电视台的脱口秀主持人曾对希拉里的自传表示不屑一顾，他曾这样评价："我敢打赌，她的书不可能会卖好。如果她的书能够卖掉100万本，我就把她的鞋子吃掉。"

可没想到，几个星期过后，希拉里自传书的销量一路飙升，很快超过了100万本，并成了当时名副其实的畅销书。很多观众都记得当时主持人说过的话，他必须要尝尝希拉里鞋子的味道了。

果然，在这名主持人主持节目的时候，希拉里给他送来了"鞋子"。不过，这个"鞋子"却不同于其他鞋子，主持人在众多观众面前吃下了总统夫人为他特意定做的鞋子形状的蛋糕，而且吃得津津有味。

希拉里面对主持人对自己的嘲讽和贬斥，没有进行猛烈的回击，也没有让主持人真的吃鞋子，而是给对方留有余地，成功地化解了这一沟通矛盾，避免了主持人出现尴尬的局面。也正因为希拉里懂得给人留余地，她的自传才能保持长期畅销。

而把话说得太绝的主持人只会引来别人的反感，不仅不利于沟通，也会不断降低自己的可信度，缩小自己的人际圈。然而，在生活和工作中，这种人也常常见到。

领导交给李丽一项工作，李丽对工作的性质和所需时间并没有清晰的认识，可是为了获得领导的青睐，她立刻表明了自己的决心，说："这个工作交给我您就放心吧，我保证一个星期的时间一定完成。"可是，一个星期后，李丽并没有完成工作，因为工作的难度超出了她的预期。当领导找她询问工作情况时，她只能满脸歉意地对领导说："没想到这个工作这么难，我还需要两天的时间才能完成。"

　　李丽回答得如此绝对，领导反而会觉得她有些盲目自大，甚至不自量力。即使她两天后完成了工作，她在领导心中的印象也不会有多大的转变。这就是把话说得太满的结果，不留一丝回旋的余地，就只能将自己逼上窘境。

　　或许，李丽可以使用一些模糊性的语言来进行沟通，如"大概""可能""好像"之类的词语，给对方一个模糊的答案，语气更婉转一些，就能给自己留有余地。模糊语言作为一种弹性语言，是指外延不确定、内涵无定指的特性语言。与精确语言相比，模糊语言具有更大的概括性和灵活性。比如李丽可以这样说：

　　"工作的具体情况我也不是很清楚，我尽量快一点，争取三天之内搞定。"

　　即便三天之后她没有完成工作，想必领导也不会责怪她什么，毕竟之前已经说得很清楚，只是"尽量"，没有保证一定完成。当然，使用模糊性语言要注意场合，不能一味使用，否则就会被人认为是随意地敷衍。

巧妙赞扬，调动起对方的积极情绪

> 在沟通过程中，赞扬就像是催化剂，可以使对方对你放下疑虑，也可能造成你和对方之间的隔阂。关键在于赞扬要说到点子上，才能有效实现双方之间的对话。

美国钢铁大亨查尔斯·施瓦布曾说："没有什么比来自上级的批评更能扼杀一个人的雄心壮志，所以，我从不批评别人，而是始终给予赞扬，我讨厌对别人吹毛求疵。只要是我喜欢的东西，我就由衷地给予赞扬，而且从不吝啬。"

有人说赞扬很管用：如果经理赞扬员工，员工就会努力工作；如果老师表扬学生，学生就会认真学习。但这类赞扬是无法持续地发挥作用的。因为一旦对方意识到经理和老师赞扬的目的是操纵他们，员工和学生就容易产生逆反心理。因此，赞扬别人并不是一件简单的事情。

乔治·汤普森教授也指出："真诚和恰当的赞扬起到的作用远

远不止让人们自我感觉良好。当因为某件事被赞扬的时候，人们下一次总会倾向于主动云做这件事。而当他们被批评的时候，下一次可能只会草草结束，敷衍了事。你在给出赞扬的时候，是在跟人们交流，同时也是在巩固和宣扬你的价值观。当你的赞扬非常具体的时候，就会显得更加真实和真诚，并且不管你在扮演什么角色，都会提高你的可信度。"

☒ "你这人真不错！"
☑ "你这人真不错，昨晚开车送我回家。"

☒ "你的备忘录写得很好。"
☑ "你的备忘录写得很出色，清楚地概括了各种复杂的情况。"

　　总之，你在赞扬别人的时候，要尽可能让你的赞扬具体化，越具体越好。这样就能和虚情假意的客套话分开了，让对方能感受到你的别出心裁，从而心情愉悦。

区分观察与评论，谨防他人产生逆反心理

> 将观察和评论混为一谈，人们将倾向于听到批评，甚至会产生逆反心理，容易使双方的沟通进入高难度的阶段。

观察是指观察客观事物的行为或者结果。印度哲学家克里希那穆提曾经说："不带评论的观察是人类智力的最高形式。"但是，对大多数人来说，观察他人及其行为，而不评判、指责或以其他方式进行分析，是很难做到的。

马歇尔·卢森堡曾在他的书中写道："非暴力沟通并不要求我们保持完全的客观而不做任何评论。"但他也不鼓励绝对化的评论，而是主张评论要基于特定时间和环境中的观察。语义学家温德尔·约翰逊认为，用静态的语言捕捉变动不居的现实，会造成许多困扰。

这里只是强调区分观察和评论的重要性。因为当人们遇到言过其实的评论时，很容易产生逆反心理，不愿意友善地回应，甚至会

直接开始反驳，就像受到批评时本能的反应一样。

下面我们举例说明如何区分观察与评论：

◎使用的语言没有体现出评论人对其评论内容负有责任。

☒ "你太大方了。"（两者混为一谈）

☑ "当我看到你把自己的饭钱给了别人时，我认为你太大方了。"（能区分两者）

◎缺乏依据的表达方式。

☒ "迈克花钱大手大脚。"（两者混为一谈）

☑ 上个月，迈克买手机花了8000块。（能区分两者）

◎评论他人的能力时，把评论当作事实。

☒ "杰瑞是个差劲的篮球运动员。"（两者混为一谈）

☑ "在上一场篮球比赛中，杰瑞一个球都没有进。"（能区分两者）

总之，为了与他人进行顺利的沟通，我们要区分观察与评论，不能混淆两者。

小测试：你的换位思考能力突出吗？

换位思考能力是说服的一个重要原则，是成功说服的关键。下面快来测一测你的换位思考能力吧。本测试一共20道题，每道题有两个选项，如果符合你的情况，请在"是"后面打"√"，反之，在"不是"后面打"√"。

1. 你认为任何事情的发生都存在一定的必然性，是吗？

   是的 ☐　　　　不是 ☐

2. 朋友做了一件对不住你的事情，这件事并不怎么严重，你会很快原谅他吗？

   是的 ☐　　　　不是 ☐

3. 你认为如果想让别人喜欢自己，那么就得先喜欢别人，是吗？

   是的 ☐　　　　不是 ☐

4. 你从不认为自己比别人聪明，是吗？

   是的 ☐　　　　不是 ☐

5. 你自认为自己工作表现不错，但老板依然不满意，这时你会从自身找原因，尽力把工作做到最好，是这样的吗？

是的 ☐　　　不是 ☐

6. 你的朋友认为你是一个宽容的人吗？

是的 ☐　　　不是 ☐

7. 如果你的朋友忽然疏远你，你首先会想："是不是我做错了什么？"是这样的吗？

是的 ☐　　　不是 ☐

8. 到一个新地方生活，你会主动了解当地的风俗，是吗？

是的 ☐　　　不是 ☐

9. 在评价一个街头事件时，听到你的见解的人会认为你的思想比较有深度，是吗？

是的 ☐　　　不是 ☐

10. 你认为人与人之间无论矛盾有多深，都有和解的可能和途径，是吗？

是的 ☐　　　不是 ☐

11. 你认为人无完人，是吗？

是的 ☐　　　不是 ☐

12. 你认为每一种沿袭下来的习俗都有其深刻的存在理由，是吗？

是的 ☐　　　不是 ☐

13. 在与一个和你的性格完全不同的朋友发生争执后，通常都是你主动找他和解，是吗？

是的 ☐　　　不是 ☐

14. 你对小时候和你打过架的朋友，即使当时是你吃亏了，你也不会记恨在心，是吗？

是的 ☐　　　　不是 ☐

15. 你总是试图用有趣的方式、方法去和他人沟通，是吗？

是的 ☐　　　　不是 ☐

16. 朋友们大都认为你是一个善解人意的人，是吗？

是的 ☐　　　　不是 ☐

17. 只要对方的出发点是为了你好，你就会对他心存感激，是吗？

是的 ☐　　　　不是 ☐

18. 你认为没有人会永远正确，正如没有人会永远错误一样，是吗？

是的 ☐　　　　不是 ☐

19. 你认为如果自己能够懂得更多人际交往艺术的话，你的事业还有更好的发展，是吗？

是的 ☐　　　　不是 ☐

20. 和一个自私的人交往时，你会对他做出适当的让步，是吗？

是的 ☐　　　　不是 ☐

答完题后，统计一下选择"是"的数目。数目越多，说明你的换位思考能力越突出。如果选择"是"的数目少于10个，你就要根据书中的方法进行反复练习了。

因人而异，说服不同沟通对象的策略

在不同的沟通场合中，你所面对的沟通对象也不同。假如用同一种方式与所有人沟通，那么必然会出现低效率的沟通。对于不同的沟通对象，需要你做出相应的调整。除了措辞风格外，另一个值得注意的问题是沟通方向。该说什么，该怎么问，该怎么回答，这三个方面共同构成了沟通的主要方向。

在与不同的人沟通时，如果你不能准确把握沟通的主要方向，那么就很难说出让对方有交流兴趣的话，双方最终会因为抓不住彼此想表达的重点而导致沟通失败。

下行沟通：放下架子，不拿腔拿调

下行沟通，通常是指领导者跟部下进行的沟通。这种沟通的难度并不低于其他任何形式的沟通。假如领导者总是端起架子，以命令的口吻和部下说话，对方是不愿意和他们说心里话的。

"我的部下总是挑我喜欢听的内容汇报，他们很少主动解决重要问题，因为害怕我不同意他们的做法。这种情况该怎么办呢？"曾有许多领导者提出类似这样的问题。

事实上，当领导者遇到下属盲目顺从或者拍马屁的情形时，他们常常会犯两种错误：一是错误判断对方害怕说实话的原因，二是鲁莽地批评对方的做法。领导并没有意识到自己习惯性的绝对化语气、无意识地以势压人的沟通方式等，使得下属在与其沟通中，时常感到恐惧进而盲目顺从。

领导者不应这样表达：

"你必须提前两天完成，我只要结果，不听任何借口。"

"希望你不要这样做，把注意力放到我的观点上。"

"我是领导，我说了算。"

说服就是让对方主动合作。领导者不能因为处在管理、权威的地位就指望对方必须主动找自己合作，而是要想办法让他心甘情愿地这么做。沟通高手都谙熟此道。他们能让人们照着他们的想法去做事情，但是同时又让对方觉得是自己想要这么做。因此，作为一名领导者，想让部下甘愿为自己冲锋陷阵，就必须放下架子、不拿腔作势。

领导者可以这样表达：

"我知道这会让你们工作压力倍增，但这次的任务对公司和你们的发展都非常重要。我们全力以赴，每一个人的辛苦付出都将成为不朽的功勋。"

"如果将这段修改一下，你觉得是不是更好一些呢？"

"大卫，你想想还有更好的解决办法吗？"

另外，还要注意两点内容：一是不对部下颐指气使，二是努力包容部下。乔治·汤普森曾在书中写道："培养一批你的支持者，不要总是对别人指手画脚。如果你遇到一个难缠的顾客，或是挑剔的下属，不要轻言放弃，试着多做些努力。这样的举动在他的意料之外，会让他永不忘怀。每次你成功地用语言打动对方，你就有机会让对方觉得你跟他的关系又近了一步。"

上行沟通：积极交流，尊重领导

上行沟通是指下级向上级报告工作情况，提出建议、意见，或表达自己的意愿等。要想升职加薪、玩转工作，让自己的事业风生水起，你就必须让自己修炼出一流的技巧。

即使你工作得很好，领导仍有可能不喜欢你。这可能是因为你只知道埋头做自己的工作，而不注意与领导交流。与此同时，领导也很注重下属对自己的态度。假如下属在对话中冒犯了领导，领导会觉得员工在浪费自己宝贵的时间和精力，从而立即中断沟通。

因此，与领导沟通时不仅要尊重他们的权威，还要积极地与他们进行交流。主要应注意以下几个方面：

1. 主动汇报工作进度

管理学中有句名言：下属对领导的报告永远少于他们所期望的。可见，领导都希望从下属那里得到更多的报告。作为下属，一定要主动报告自己的工作进度，不要等事情做完了再沟通。

主动汇报工作进度也需讲究技巧：

◎汇报前，应先动手拟好汇报的主要内容，不能太简单，也不能太啰唆。

◎汇报时，态度要谦虚谨慎、不骄不躁，语气要不卑不亢、温和平缓，避免慷慨激昂。

◎汇报形式可采用口头或书面汇报，无论采用哪种方式，汇报的书面材料一定要准备好。即使是口头汇报，在汇报后也应交给领导一份书面报告。

2. 表达要清晰简要

由于领导的工作繁忙，倾听时间宝贵，总希望在最短的时间内听明白下属的表达内容，因此，在沟通的过程中，下属应用最简明的方式做汇报或提案。

☒ "张总，我想跟您说一个很有发展潜力的项目，但是王经理一直不赞同。"

☑ "张总，请允许我用两分钟的时间介绍这个能让公司营收增加20%的新项目。"

3. 选准沟通的时机

想要与领导进行沟通，不应选他忙的时候。几乎每个人在忙的时候都没有耐心听你说话，或许还会认为你是一个不识时务的人。更不要选择领导心情不好的时候去跟他说话，否则你很有可能成为"撒气筒"，毁了领导的心情，也毁了自己的心情。现代心理学表明，人的心境和情绪决定了人的情商，情商制约着实时的思维模式。

最后，如果你能做到以上这些，相信说服领导也就很容易了。

谈判沟通：保持平常心，不要轻易动摇

谈判分为良性谈判和恶性谈判。可以说，所有的谈判战术都是为了搅乱对方的心理。因此，为了进行良性谈判，即使对方做出挑衅或诱骗等行为，你也要保持平常心。它是谈判成功的必要条件。

在谈判的过程中，谈判双方都会用心理战术来打乱对方的阵脚，使对方做出有利于自己的让步。

这里的心理战术，可以说是由强烈的负面情绪诱发而做出不必要的巨大让步的心理状态。负面情绪以沮丧、不安、负罪感、愤怒4种情绪为代表。这些情绪都存在引发负面行为的巨大可能性。

◎沮丧，容易引发"放弃"行为。

◎不安，容易引发"逃避"行为。

◎负罪感，容易引发"自我否定"行为。

◎愤怒，容易引发"攻击"行为。

因此，在谈判中保持一颗平常心尤为重要。要做到这一点，你就必须甩掉两种阻碍谈判成功的、自取灭亡式的恶性思维。恶性思维是指一味地做出悲观预测的思维。恶性思维分为必须式思维和随便式思维两种。

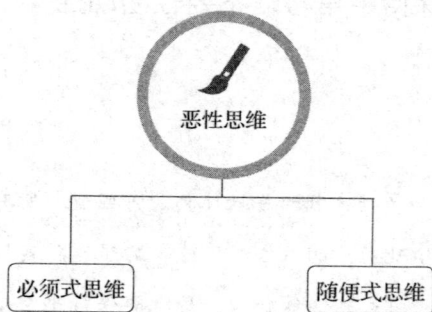

1. 必须式思维

比如说"这次谈判必须成功"等绝对性的话语都属于必须式思维。乍一看这样的话听起来很勇敢、很积极，但这种思维其实是脱离现实的恶性思维。如果这次谈判真的失败，就是令人难以接受的悲剧了，在谈判者心里就成了巨大的压力。而一个人在承受巨大压力的状态下，是做不好工作的。

2. 随便式思维

顺其自然地认为"谈判只不过是一场游戏，心态放松就好，把结果交给时运吧"，这样就是平常心的基本思维吗？当然不是。这种思维是不负责任的"随便式思维"。它有可能催生谈判者的懈怠心理，使当事人不会为了谈判成功而做充分的准备和努力。

　　最后，建议你选择"希望式思维"进行谈判。具体来说，就是抱着"很希望这次谈判成功，但也可能失望"的想法。这是一种辩证的、更加现实的良性思维。抱着这种想法，谈判者自然就会付出应有的努力。另外，就算失败，也能够避免过度悲观绝望的不良情绪。

一对多沟通：认真准备，保持轻松自然的心态

> 一对多沟通主要出现在演讲、报告等场合。相对其他沟通形式而言，一对多沟通是最复杂和最难的一种。

一对多沟通最容易让人感到慌乱。尤其是在众目睽睽之下出现差错的时候，你可能会头脑一片空白，也可能羞愧得想找个地缝钻进去。事实上，大多数人要在公众面前做某件事情之前都会感到紧张和焦虑。比如，演员演出前会心神不定，运动员参加重大比赛时会焦虑不安。

关键在于，你是否能够控制自己的情绪，并朝着有利于成功说服的方向发展。这里建议你从两个方面入手：一是认真准备，二是保持轻松自然的心态。

1. 认真准备

彼得·迈尔斯教授指出："任何演讲者都可能犯的一个大错误

就是，没有事先思考清楚为什么听众应该重视你说的内容，就直接向他们传达信息。如果没有人在乎你说什么，也就没有人会听你说什么。"因此，在进行一对多沟通前，一定要准备，准备，再准备。一位职业演讲咨询专家曾说："充分的准备工作可使怯场的可能性降低75%。"那么，你都需要准备哪些方面呢？

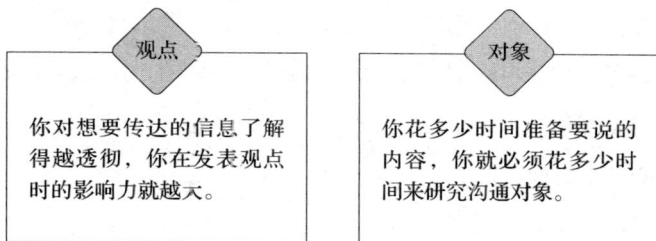

<table>
<tr><td>观点</td><td>对象</td></tr>
<tr><td>你对想要传达的信息了解得越透彻，你在发表观点时的影响力就越大。</td><td>你花多少时间准备要说的内容，你就必须花多少时间来研究沟通对象。</td></tr>
</table>

（1）要准备你的观点

观点就是你看待事物的想法、见地，它基于你的知识结构，你对情况的分析理解，你的背景构成和你的过往经验。你对你想要传达的信息了解得越透彻，你在发表这个观点时的影响力就越大。

（2）研究你的沟通对象

你花多少时间准备要说的内容，你就必须花多少时间来研究你的沟通对象，考虑他们各自的不同情况，这样才能达到高效沟通。比如：你的沟通对象由多少人组成？他们一般怎么考虑问题？他们的期待是什么？如果他们提出反对，通常会从哪些方面提出不同意见？

总之一句话，就是从对方的角度来考虑问题。

2. 保持轻松自然的心态

戴尔·卡耐基建议道："我无数次告诉你要表现自然，你可能会误认为我会因此宽容你运用一些拙劣的词汇，进行单调的讲话，只求自然就行。相反，我所说的'自然'是指我们在充满活力地表达自己观点的同时，做到自然。另一方面，每个优秀的演讲者绝不会觉得自己无法再扩展词汇，无法再丰富想象力，无法再增强表达形式的多样化和力度。这些正是每个自强不息的人应该去追求自我提高的几个方面。"

这里，提供一些提示，告诉你如何应对在一对多的沟通中可能出现的紧张情况：

◎开始讲话前，先慢慢做一两次深呼吸。

◎悄悄地绷紧和放松大腿肌肉，或者两手用力握紧再放松。

◎与听众保持视线接触。请记住，听众是一个个的人，而不是一团模糊的脸。听众是你的朋友。

◎积极思考。尝试将消极的念头转变成积极的态度。

总之，只要你能够做到这些，就能在一对多的沟通中做到游刃有余。

小测试：懂点性格分析，说服要因人而异

在说服别人的时候，你要了解对方的性格特征，才能为成功说服提供具体的应对策略。

通过下面的性格类型测试，可以辨别自己和别人的性格。一共有15道题，每道题共4个描述，请从4个描述中选择最符合你或对方表现的一个，然后在题号上打"√"。

第1题：

1. 做一件事情下决心快，行动快，雷厉风行。

2. 喜欢做有趣的事情。为人充满乐趣与幽默感。

3. 在任何冲突中都不易受干扰，保持冷静。

4. 做事有节奏，完成一件事后才接受另一件事。

第2题：

1. 行为外露，总给人一种强烈的想赢的欲望。

2. 喜欢展现自我，通过自我魅力来让别人接受自己。

3. 关心别人的感觉与需要，易接受他人的观点，不坚持己见。

4. 喜欢控制自己的内心情感，几乎不向外人展露。

第3题：

1. 反应快，思维敏捷。

2. 充满激情、动力与兴奋。

3. 约束自我情感，心态平和。

4. 安静严肃，面无表情。

第4题：

1. 对自己的能力充分自信，且经常向别人展示。

2. 不喜欢计划，运用语言、人格魅力，鼓励推动别人参与。

3. 容忍自己和别人的错误，冷静且包容心强。

4. 事前喜欢做详尽计划，然后按计划进行。

第5题：

1. 做事自信，几乎不会犹豫。

2. 随性，不喜欢条条框框，不喜欢受约束。

3. 容易没有主见，做事容易犹豫不决。

4. 有原则，不易妥协。

第6题：

1. 为人坦诚，内心毫不保留，坦率发言。

2. 为人乐观开朗，认为任何事都会好转。

3. 愿意改变，只要别人意见合理，就会接受。

4. 会保留自己的意见，不轻易向别人表达。

第7题：

1. 敢于冒险，敢于承担责任。

2. 喜欢带给别人欢乐，令人喜欢，容易相处。

3. 彬彬有礼，待人得体有耐心。

4. 做事秩序井然，有板有眼。

第8题：

1. 独立能力强，自我支持，自我鼓励。

2. 需要旁人认同、赞赏，如同演艺家需要观众的掌声、笑声。

3. 避免矛盾，所以从不说或做引起他人不满与反感的事。

4. 喜欢以自己认定的标准来衡量事情。

第9题：

1. 决心依自己的意愿行事，不易被说服。

2. 喜欢开玩笑，忘情地表达自己的情感、喜好。

3. 容易被说服，被领导。

4. 喜欢深刻的聊天，不喜欢肤浅的谈话。

第10题：

1. 工作狂，努力推动工作，喜欢领导别人。

2. 喜好吵闹的环境，喜欢出席各种宴会，结交各种朋友。

3. 喜欢安稳，不喜欢过于忙碌的工作和生活。

4. 偏安静，不喜欢嘈杂。

第11题：

1. 天生的领导者，无论在什么事情上都喜欢主导。

2. 喜欢到处走，充满生机，精力充沛。

3. 不愿意主导，喜欢被领导。

4. 喜欢一个人独处。

第12题：

1. 强势，让人觉得不能改变。

2. 滔滔不绝的发言者，不是好听众，不留意别人也在讲话。

3. 易相处，易让人接近。

4. 很少说话，除非工作需要。

第13题：

1. 不能忍受别人动作慢、效率低。

2. 喜欢吸引人，喜欢成为焦点。

3. 沉稳，工作节奏慢，说话慢。

4. 避免成为注意力的中心。

第14题：

1. 自我评价高，认为自己是最好的人选。

2. 容许别人（包括孩子）做他喜欢做的事，为的是讨好别人，让人喜欢。

3. 中间性格，无高低情绪，很少表露感情。

4. 尽管期待好结果，但往往先看到事物的不利之处。

第15题：

1. 成就动机强，并为此而不断工作。

2. 性格开朗，说话声与笑声总是能吸引别人注意。

3. 行动慢，不喜欢改变，安于现状。

4. 孤独离群，感到需要大量时间独处。

（说 明）

15道题全部选择完毕后，进行题号的统计。你会发现：你几乎
4种性格都有。事实上，几乎没有哪个测试者是单一性格，而总数
最多的那个性格类型，就是你的主导性格类型。比如，15道题中，
你选择了7个"1"，"1"被选中次数最多，那"1"就是你的主导
性格。

题号对应的性格类型分别是："1"表示power，力量型；"2"
表示popular，社交型；"3"表示peace，和平型；"4"表示perfect，
完美型。

我们的行为受我们的思维方式驱使，所以，我们需要从外
表、动作、内在需求、爱好等几个方面，来了解对方是哪一种性格
类型。

要素	类型			
	力量型	社交型	和平型	完美型
特征	外向，有行动力，傲慢，坚决，有挑战精神，直率，热情，精力旺盛，不怕困难，敢于面对	外向，有影响力，善于言辞，乐观，有趣，灵活，富有想象力，反应迅速，注意力容易转移	内向，可爱，亲切友好，喜欢聆听，随和，有耐心，忠诚，善于忍耐，情绪不外露	内向，有调理，善于思考，谨慎，逻辑性强，喜欢批评，孤僻，认真，守规矩，原则性强

（续表）

要素	类型			
	力量型	社交型	和平型	完美型
外表	眼睛炯炯有神，表情严肃，喜欢黑色的衣服	表情丰富，喜欢大笑，喜欢穿鲜艳的衣服，手势多，肢体语言丰富	眼神呆滞，面部表情一般，穿着朴素，不喜欢张扬	没有笑容，容易焦虑，忧郁，目光闪烁，穿衣讲究，爱干净
动作	快而有力	快而夸张	慢而优雅	慢而拘谨
内在需求	成就感	新事物	舒适	可靠
口头禅	马上做	哈哈，太棒了	嗯，好的	是吧
爱好	工作	好玩的娱乐活动	没有特别的爱好，享受一个人的安静	爱好不多，喜欢研究

通过以上的测试和观察，你或许能够有90%以上的把握去判断一个人的性格。但需要注意的是，性格没有好坏之分，了解每个人的性格，只是为了能够更好地把握对方的需求，从而更好地说服对方。

有备无患，多种方式让说服拥有更多可能

我们常说"未雨绸缪""有备无患"，
这两个词语在说服的情境中也非常适用。
让对方心服口服不是件容易的事情，这不
仅需要你具备多样的说服技巧，还需要你
准备一些工具或方式来增加自己的说服
力量。

利用数据，让表达更具说服力

> 表达的目的是展现你的想法的逻辑理由，并让别人认识到，你的想法是令人信服的、可靠的、有确实根据的。事实往往胜于雄辩，数据是最有力的事实。在表达过程中分享一些数据，无疑能增强你的说服力。

如果要给数据下一个精确的定义，那就是对客观现象进行计量的结果。事实上，人们观察到和听到的数据越多越好。如果对清晰的数据达成共同的理解，那么就不会引起对方的戒备。因此，在说服沟通中，数据可以大大改善你的表达。

当然，数据的精确性同样不可或缺。正如一家企业的员工手册里所说的：如果能用小数点后面的两位数字说明问题，那就尽可能不要用整数；如果能用精确的数字说明问题，那就最好不要用一个模模糊糊的约数来应付别人。

举例1：

☒ "我们公司生产的所有儿童食品都是绝对没有问题的。"

☑ "我们公司生产的所有儿童食品都经过了12道严格的工序。"

举例2：

☒ "我环顾四周，发现在700多名政府要员中女性很少。"

☑ "我环顾四周，发现在700多名政府要员中，只有12人是女性，在435名众议员中只有11人是女性，内阁人员中没有女性，最高法院中也没有女性。"

但是，如何运用数据才能取得好的说服效果呢？需要遵循以下三个原则。

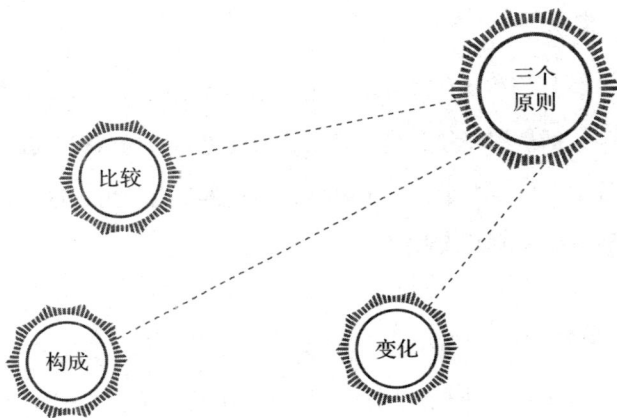

1. 比较

比较，是将两个或两个以上事物就某方面进行对比。需要注意的是，对比的标准要统一，并且要在相同的数量级上。比如，形容一块蛋糕很甜，你可能会说：

☒ "这块蛋糕非常甜。"

☑ "一勺子的白糖甜度是1的话，这个蛋糕的甜度就是10。"

这块蛋糕究竟有多甜，大家不知道，因为每个人对甜味的衡量是不一样的。如果采取第二种表达方式，对方听后会立马判断出，这块蛋糕的甜度有10勺糖的程度，想想都很甜。

通常，孤立的一个数字是没有意义的。但在有些情况下，单纯说出一个数字，其内暗含了比较。

2. 构成

构成，是将整体与部分做对比，比如体脂肪率、市场占有率、合格率等，都是用部分占整体的比例来反映事物的情况。因此，在沟通过程中，你要善于把一个事物放到整体中去考虑，这样才能让对方更清晰全面地了解事物。

3. 变化

变化，就是在不同的时间比较同一事物。通过在时间上的变化，可以看到事物的发展趋势。注意，在描述变化时，应该选择体现变化的时间节点。比如，要想让对方了解图书的销售量，应该用某种工具展现出每个季度的销售量。

总之，在与人交谈时，适当地引用一些数据，能够令你的讲话变得更加严谨和可靠，增加了说服对方的可能性。毕竟，每一个精准的数据都需要付出很多的人力和物力才能得到，这种辛勤的付出本身就能给人的内心带来极大的震撼。

妙用PPT，展示独特思维优势

> PPT是通过文字、图形、色彩动画等形式，将需要表达的内容直观、形象地展示给对方，让对方对你要表达的内容印象深刻。它作为一种工具，在说服战中发挥着越来越重要的作用。

PPT展现出来的内容简洁、明了，能很直白地向对方传递很多信息。它最显著的特点就是，能让许多不擅长演讲的人也滔滔不绝地讲半个小时。但利用PPT一个重要的前提是，个人的思维能很好地融入PPT中，否则再好的展示内容，对方也不愿意去听。

那么，怎样才能让你的PPT恰如其分地展示你的思维优势呢？

PPT展示思维优势站	站在对方的角度上来设计PPT
	PPT要有合理的逻辑性
	说话者要有坦然的态度

1. 站在对方的角度来设计PPT

每个人在作为听者的时候，所记忆的东西是选择性的、有限的。因此，PPT中的内容不要过多，要简洁、明了。所谓简洁，主要取决于对元素的安排是否具有逻辑性，与文字的多少没有必然的联系。

2. PPT要有合理的逻辑性

PPT的逻辑就是你展示PPT时讲究的思维方式，通过这种思维方式，对方可以紧扣主题，做到非常清晰、明了地知道讲话者的思路。一个优秀的PPT，不仅要体现制作者的逻辑，还要让别人从中看到自己的逻辑，这样的PPT才具备很强的说服力。

当然，要想在PPT中展现自己的逻辑，把结论说明白，必须将每一项最关键的内容写上去。然后站在对方的角度来思考下面几个问题：

◎是否提出了一个明确的问题或有价值的假设。

◎是否提供了解决问题的方法或排除阻碍的方法。

◎是否提出了判断问题能够成功解决的衡量标准和方法。

3. 说话者要有坦然的态度

坦然的态度可以通过挺直的腰背表现出来。注意不要探头缩肩，否则会使后脖领子敞开，做法滑稽可笑的造型。另外，坦然的态度还可以体现在毫不必要的动作上。不必要的动作有很多，比如上半身的转动、身体的横向摆动、不必要的侧向踏步或前后踏步等，还应注意手的摆放位置，否则一不留神就容易做出频繁用手摸脑袋的类似动作。

最后，要记住一点，PPT只是彼此沟通、展示思维优势的一个好工具。在制作PPT的过程中，很多人容易陷入一个误区，即将很多精力花在研究内容的表达方式上。比如文字的形式、图片和音乐的选择上，这就本末倒置了。因此，你要明白一个PPT的主要和次要因素。

借用权威，说服他人出奇制胜

> 权威可以是名人、专家、古代圣贤、今日达人，也可以是公司的重要领导、精神导师，或者是某种事物等。通常，人们很容易相信权威，善于引用权威的话，懂得向权威借势，是增加说服力的有效方式之一。

有一种普遍存在的社会心理现象——"权威效应"，也叫"权威暗示效应"，是指如果一个人地位高、有威信，就会受人敬重，而他所说的话及其所做的事情就很容易引起别人的重视，并让他们相信其正确性。

一位教授做过一个这样的实验：在一节化学课上，这位教授拿出一个小瓶子，告诉学生这是一位著名化学家的最新研究成果，里面装有一种化学物质，有气味，如果谁闻到了气味，要举手告诉他，结果大多学生都举起了手。而实际上，瓶子中装的是没有气味的蒸馏水，并不是什么化学物质，但是在著名化学家这一权威者的影响下，大多数学生都认为它有气味。这就是受了权威效应的影响。

那么，权威效应为什么普遍存在呢？理由有两个。

安全
心理

赞
许
心
理

理由1　　　　　　　　理由2

1. 安全心理

安全心理，即人们总认为权威人物就是楷模，服从他们会使自己具备安全感，增加不会出错的保险系数。

2. 赞许心理

赞许心理，即人们总认为权威人物的要求往往和社会规范相一致，按照权威人物的要求去做，会得到各方面的赞许和奖励。

事实上，从很久以前，人们就善于利用权威来达到自己的说服目的。

麦哲伦因为举世闻名的环球航行在世界航海史上留下了光辉的篇章，但是你是否了解，麦哲伦在说服西班牙国王赞助并支持自己的航海事业时有多么困难？

在那个年代，海航事业风靡一时，很多人打着航海家的幌子到皇室骗取钱财，所以西班牙国王对于所谓的航海家一直持怀疑态度。那么麦哲伦是怎么说服国王的呢？

当时有一位著名的地理学家叫帕雷伊洛，是人们公认的地理学界的权威，麦哲伦找到了他，让他陪自己去说服国王。这位地理学家在见到国王后大讲一通麦哲伦环球航海的必要性与各种好处，因为是权威人士，所以国王非常信任他，于是同意了麦哲伦的航海计划。

麦哲伦就是利用了权威的力量达到了自己的目的。虽然后来人们发现这位权威的地理学家并不是那么权威，甚至对某些知识的计算是错误的，但这都不重要。

既然权威效应有如此大的威力，那么在说服别人时不妨运用一下，比如告诉对方"这是某某大师的建议""某位名人也喜欢这样做"等。这样对方会更加重视你说的话，从而较容易接受你的建议。

修辞方法，使你的沟通更有力量

> 修辞本义就是修饰言论，也就是可以在使用语言的过程中，利用多种语言手段以收到尽可能好的表达效果的一种语言活动。

修辞是一种说服的艺术。在说服沟通中，经常使用到的修辞手法有比喻、排比、对比、双关、夸张等。只有恰当地使用这些修辞手法，才能使你的沟通更有力量。下面介绍几种主要的修辞方法。

1. 比喻

比喻是人们从小学时就熟知并经常使用的一种修辞手法。在沟通过程中，应恰当地使用比喻，让表达更生动形象，让听的人更明白。比如：

不能仅仅依靠精神恋爱就能生出孩子。

——列宁批评形式主义

你和心爱的姑娘坐在热气逼人的火炉边1个小时，但你感觉就好像只过了5分钟；而当你一个人孤零零地坐在火炉边5分钟时，感觉就好像过了1个小时。这就是相对论。

——爱因斯坦解释相对论

2. 排比

排比是一种把结构相同或相似、意思密切相关、语气一致的词语或句子成串地排列的一种修辞方法。运用排比说理，可将道理说得充分透彻，给人一种压迫感，逼迫对方早些做出决定。相反，过度使用排比会让人感到你在卖弄和炫耀，往往达不到理想的说服效果。因此，使用排比的修辞手法时要把握适度原则。

3. 对比

很多时候，说服对象之所以会质疑你，正是因为他的内心犹豫不定。这个时候，正是你施展说服技巧的最佳时机。千万不要轻率地认为对方一旦产生怀疑，前面的努力就会白费。对方提出质疑，事实上已经表明了自己的态度：我对这些很感兴趣，只是需要一个比较能强化自己行动的理由。这个时候，使用对比就能使说服对象做出自己想要的决定。

4. 双关

当与别人沟通时，有些话可以直接表达出来，但有些话不方便直接说出来，这时可以使用双关的修辞手法，既含蓄又巧妙地将自己想要表达的东西传达给对方。但在使用的时候要文明表达，争取做到以理服人，不能将自己的快乐建立在别人的痛苦之上。

"二战"期间，丘吉尔来到白宫，要求美国给予军事援助。

一天，丘吉尔洗完澡，赤身裸体地在临时安排的房间里踱步，这是他多年来养成的习惯。此时，有人敲门，丘吉尔以为是服务人员，便说："请进。"

可没想到是罗斯福。看到丘吉尔一丝不挂，罗斯福一愣，尴尬得想退回去。丘吉尔却大大方方地伸开双臂，笑道："总统先生，大不列颠的首相是没有什么东西需要对美国总统隐瞒的。"说完，两个人默契地大笑起来。

面对尴尬的场面，丘吉尔用一句双关语巧妙地将其化解，而且又表达了更深层次的含义。

5. 夸张

夸张是为了达到某种表达效果，对事物的形象、特征、作用、程度等方面着意夸大或缩小的修辞方式。

"跳楼甩卖价本来就是赔钱的买卖，不能再降价了，我冒着被老板扣工资的危险，还是给你降了50元，你再逼我降价，我的老板肯定会逼着我跳楼的。"

在说服沟通中，将修辞巧妙用到其中，是一种很好的交流策略，可以使你的沟通更顺畅，说服更有力。

小测试：你的沟通能力如何？

为了能够有针对性地提高沟通能力，你必须清楚自己现有的水平。通常情况下，一个有效的自我测评能够使你认识到自己的优势和劣势，然后，你就可以根据这个结果来制订提高计划了。

这个测试选择了生活中经常会遇到的难以应付的情境，测试你是否能正确地处理这些问题，从而反映你是否了解正确沟通的知识、概念和技能。当然，你要如实回答，否则这一评估结果就毫无参考价值。

1. 在说明自己的重要观点时，别人不想听你说，你会怎么做？

A. 马上气愤地走开

B. 不再继续说，但可能会很生气

C. 等等看还有没有说的机会

D. 仔细分析对方不听自己说的原因，找机会换一个方式去说

2. 参加老同学聚会回来，你很高兴，而你的朋友对聚会的情况很感兴趣，这时你会怎么做？

A. 详细述说从进门到离开时所看到和感觉到的以及相关细节

B. 说些自己认为重要的

C. 朋友问什么就答什么

D. 感觉很累了，没什么好说的

3. 你正在主持一个重要的会议，而你的一个下属却在玩手机并有声音干扰会议现场，这时，你会怎么做？

A. 幽默地劝告下属不要玩手机

B. 严厉地叫下属不要玩手机

C. 装作没看见，任其发展

D. 给那位下属难堪，让其下不了台

4. 你正在跟老板汇报工作时，你的助理急匆匆地跑过来说有你一个重要客户的长途电话，这时你会怎么做？

A. 让助理说自己正在开会，稍后再回电话过去

B. 向老板请示后，去接电话

C. 让助理说自己不在，并问对方有什么事

D. 不向老板请示，直接跑去接电话

5. 要与一个重要的客人见面，你会怎么做？

A. 像平时一样穿着随便

B. 只要穿得不是太糟就可以了

C. 换一件自己认为很合适的衣服

D. 精心打扮一下

6. 你的一位下属已经连续两天下午请了事假，第三天上午快下班的时候，他又拿着请假条过来说下午要请事假，这时你会怎么办？

A. 详细询问对方因何事要请假，视原因而定

B. 告诉他今天下午有一个重要会议，不能请假

C. 很生气，但是什么都没说就批准了

D. 很生气，不理会他，不批假

7. 你刚应聘到一家公司就任部门经理，上班不久，你了解到本来公司中有几个同事想就任你的职位，老板不同意才招了你。对这几位同事你会怎么做？

A. 主动认识他们，了解他们的长处，争取成为朋友

B. 不理会这个问题，努力做好自己的工作

C. 暗中打听他们，了解他们是否具有与自己进行竞争的实力

D. 暗中打听他们，并找机会为难他们

8. 与不同身份的人讲话，你会怎么做？

A. 对身份低的人，总是漫不经心地说

B. 对身份高的人说话，总是有点紧张

C. 在不同的场合下，会用不同的态度与之讲话

D. 不管是什么场合，都是用一样的态度与之讲话

9. 在听别人讲话时，你一般会怎么做？

A. 对别人的讲话表示感兴趣，记住所讲的要点

B. 请对方说出问题的重点

C. 对方总是讲些没必要的话时，我会立即打断他

D. 对方不知所云时，我会很烦躁，就会想去做别的事

10. 在与人沟通前，你认为比较重要的是了解对方的哪些方面？

A. 经济状况、社会地位

B. 个人修养、能力水平

C. 个人习惯、家庭背景

D. 价值观念、心理特征

评分方法

1、5、8、10题，选A得1分，选B得2分，选C得3分，选D得4分；其余各题选A得4分，选B得3分，选C得2分，选D得1分。将10道测验题的得分加起来，就是你的总分。

结果分析

总分为10~20分：

因为你经常不能很好地表达自己的思想和情感，所以你也经常不被别人了解；许多事情本来是可以很好地解决的，正是你采取了不合适的方式，所以有时把事情弄得越来越糟；你需要严格地训练自己以提升沟通技能。但是，只要你学会控制好自己的情绪，改掉一些不良的习惯，你随时可能获得他人的理解和支持。

总分为21~30分：

你懂得一定的社交礼仪，懂得尊重他人；你能通过控制自己的情绪来表达自己，并能实现一定的沟通效果；但是，有较多地方需要提高，你缺乏高超的沟通技巧和积极的主动性，许多事只要你继续努力一点，就可以取得成功。

总分为31~40分：

你很稳重，是控制自己情绪的高手，所以，他人一般不会轻易知道你的底细；你能不动声色地表达自己，有很高的沟通技巧和人际交往能力；只要你能明确意识到自己性格的不足，并努力优化，定能取得更好的成绩。但要记住，沟通艺术无止境。

如果你的分数偏低，不妨仔细衡量一下你所选择的处理方式会给对方带来什么样的感受，或会使自己处于什么样的境地。

沟通 通 就 是

参透说服类型，发现适合自己的沟通手段

前面我们已经为大家介绍了大量的有关说服的技巧和使用方法，相信你对如何说服已经有了比较深入的了解。但是，说服毕竟是一门系统的科学，要真正学好这门科学，仅仅掌握前面的知识是不够的。因为每个人的性格特点、自身素质、行为习惯等完全不同。因此，我们还需要参透自己和沟通对象的说服类型，以便进行最佳的调整，达到说服的目的。

说 服 人

白色说客：理想主义的乐观说服者

> 可以把白色说客比喻为充满理想主义精神的唐僧。但其最明显的心理缺陷就是偏执，不容易接受对方的意见，认为自己是正确的。

白色说客所表现出的充满理想主义精神的行为，是心理学中所研究的人类共有行为模式之一的仪式化行为。仪式化行为是指为了满足心理的需要而进行的一套个人化的、重复进行的、遵循一定程式的，并被该行为者视为具有某种象征意义的行为。比如，一个人为了回忆曾经的恋人，每次出门前总是摸一摸沙发上的小熊，因为它是恋人曾经最喜欢的物品。这就是仪式化行为。那么，白色说客具体有哪些表现呢？具体内容见下图。

坚信无论任何人
都可能被说服

③

认为自己掌握了许
多说服技巧
②

④
会用直觉去判断对
方的内心想法

白色
说客

认为说服过程有严
格的阶段划分
①

⑤
认为和说服对象讲道理
有利于沟通目的的达成

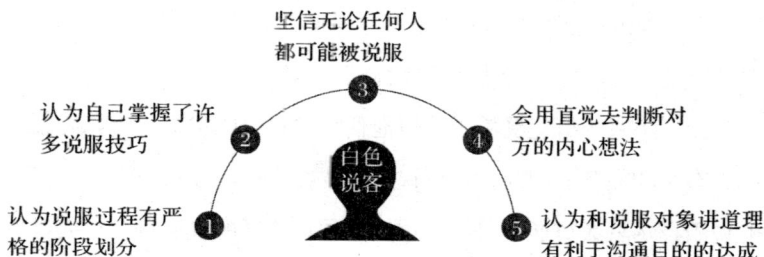

下面我们一起来看一个案例：

大学期间，林俊是一位学习非常认真的学生。毕业后，他顺利
找到一份销售员的工作。在工作中他一丝不苟，认真学习公司安排
的销售培训内容，并得到了同事和领导的认可。

两周的培训时间过去了，领导要求林俊等几个实习生去各个社
区拜访居民，销售按摩产品。林俊来到各个社区，并用他学来的技
巧来销售自己的产品。他从按摩器的外观、功能、安全性、操作性
等方面为对方详细讲解。可是，对方并不像他所想象的那样，耐心
听他讲解，而是以各种理由拒绝购买。

林俊对此很苦恼，他不明白，自己是按照培训老师讲的销售流
程推销的，为什么还被拒绝？

案例中林俊的表现就是典型的白色说客。表现有：第一，林俊
对工作一丝不苟，对产品的卖点熟记于心；第二，严格按照培训老
师讲解的销售流程进行讲解；第三，对每个社区都一一拜访。

　　在说服的过程中，这样的白色说客并不少见。比如，在商场里，营业员会围在你身边不停地介绍商品等。白色说客的沟通方式确实让很多人都有些受不了，但他们也有自己的优点，比如介绍详细、有亲和力等。因此，白色说客需要在说服中随机应变，将所学的说服技巧融会贯通、灵活运用，以便在不同的说服场合、面对不同的说服对象时，都能顺利达到自己的目的。

蓝色说客：煽情的感性说服者

> 蓝色说客最明显的特征就是用感性的思维主导判断并得出结论。其心理缺陷是过于感性，容易被事物所代表的情感打动，因此很难将自己原有的想法坚持到底。

感性指人情感丰富、多愁善感，能对别人的遭遇感同身受、感受力很强，能体会到任何事物情感的变化。感性的人，在待人处事的过程中，更遵从自己的意识，也就是习惯于从心中所想出发，不会过多考虑客观条件。心理学研究表明，在所有的蓝色说客中，女性的占比高达76%。也就是说，女性判断问题的时候，更多是依赖感性认识而非理性分析。这也是女性消费者最容易感性消费的主要原因。

那么，蓝色说客具体有哪些表现呢？具体内容见下图。

觉得自己可以写一
首诗

③

和一群人一起，觉
得快乐时光很短暂

②

蓝色
说客

④

经常会被电视节目
感动得流泪

现在或曾经有写日
记的习惯

①

⑤

无论工作或玩乐，都很
投入

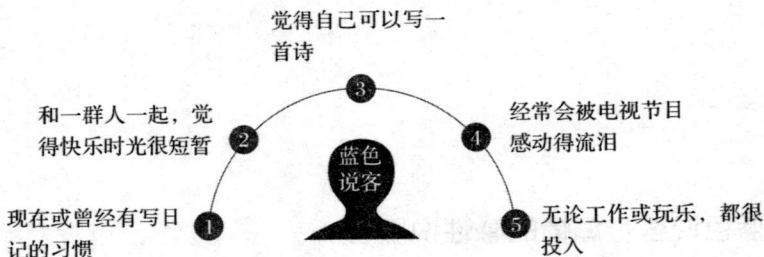

下面我们一起看一个案例：

王玲和林丽是同事，她们的关系非常好。一天，林丽发了工资，便让王玲陪着自己去买一台笔记本电脑。因为林丽对笔记本不太了解，不知道买什么样的性价比更高，因此对于感兴趣的笔记本，她都要听营业员给她仔细介绍。最后，她看上了两台笔记本，这两者的外观相似，唯一不同的就是牌子，一个是A品牌，一个是B品牌，而且B品牌的笔记本比A品牌的贵1000元。

林丽问王玲："你快帮我看看，哪台笔记本更好呢？"

王玲仔细看了看，说道："我觉得选合资品牌更好。第一，B品牌的笔记本质量要好于A品牌；第二，B品牌的笔记本广告更有创意，适合我们年轻人的口味；第三，我以前选的就是B品牌的笔记本，确实是耐用又美观。"

林丽听后，觉得她说得很有道理，就选择了B品牌的笔记本。

案例中，林丽给出王玲的三个理由，综合分析得出，她多是由感性思维主导判断并得出的结论。比如，第一条理由中B品牌笔记本比A品牌笔记本质量好，就是明显的定式思维；第三条理由中她认为耐用，就是受了第一印象的影响，其实A品牌笔记本未必比B品牌笔记本差。

　　从这个案例中，我们可以看出蓝色说客很容易犯经验主义错误，但使用感性的说服方法也是一种优势。因此，在说服沟通过程中，需要做到扬长避短，才能让说服效果达到最佳。

粉色说客：亲切的真诚说服者

> 粉色说客最大的特点是善解人意、亲切真诚，但最大的缺陷是不懂得拒绝别人。快来看看你是否具有粉色说客的特点吧。

粉色代表纯真、可爱和温柔。喜欢粉色的人多为女性，他们比较感性，处世温和；喜欢粉色的人常常想让自己呈现出年轻、有朝气的一面；喜欢粉色的人因为不擅长向人吐露心声，喜欢躲在自己的小世界中；又因为不容易接受别人的意见，不喜欢与人争论。那么，粉色说客具体有哪些表现呢？具体内容见下图。

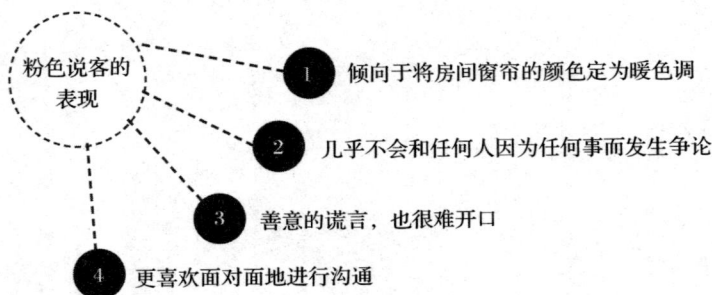

粉色说客的表现

1 倾向于将房间窗帘的颜色定为暖色调

2 几乎不会和任何人因为任何事而发生争论

3 善意的谎言，也很难开口

4 更喜欢面对面地进行沟通

下面我们一起来看一个案例：

陶行知在任育才小学校长时，在校园看到男生冬冬用泥块砸自己班上的男生，当即阻止了他，并令他放学后到校长室里去。

放学后，陶行知来到校长室，冬冬已经等在门口准备挨训了。可一见面，陶行知却掏出一块糖送给他，并说："这是奖给你的，因为你按时来到这里，而我却迟到了。"冬冬惊疑地接过糖。

随之，陶行知又掏出一块糖放到他手里，说："这块糖也是奖给你的，因为当我不让你再打人时，你立即就住手了，这说明你很尊重我，我应该奖你。"冬冬更惊疑了。

陶行知又掏出第三块糖塞到冬冬手里，说："我调查过了，你用泥块砸那些男生，是因为他们不遵守游戏规则，欺负女生；你砸他们，说明你很正直善良，有跟坏人做斗争的勇气，应该奖励你啊！"

冬冬感动极了，他流着眼泪后悔地说道："陶……陶校长，您……您打我两下吧！我错了，我砸的不是坏人，而是自己的同学呀！……"陶行知满意地笑了，他随即掏出第四块糖递过去，说："为你正确地认识错误，我再奖给你一块糖，可惜我只有这一块糖了，我的糖完了，我看我们的谈话也该完了吧！"说完，就走出了校长室。

在上面的案例中，冬冬用泥巴砸班上的男生，陶行知先生并没有对他进行批评、责罚，而是以亲切、真诚的方式，轻而易举地达到了教育的目的，也收到了良好的教育效果。这里，陶行知先生就是以粉色说客的角度说服学生的。

但是，粉色说客的亲切、真诚以及善解人意，并不是在所有的说服情景中都能起到积极的作用。因为一味地真诚，不懂得拒绝别人，不懂得更强势地运用说服技巧去说服对方，有时候会不利于自己的有效沟通。

绿色说客：洞察人心的理性说服者

> 绿色说客最大的特点是善于攻心说服。攻心是说服的主题，也是说服的关键所在。

　　绿色是大自然的颜色，象征着和平。喜欢绿色的人性情平和，遇事能克制自己，情绪一般不会产生大的波折，很少有焦虑或忧愁之感，他们总是充满了希望，认为世上的一切事物都是美好的；喜欢绿色的人擅长社交，能与人和谐相处，但他们不会轻易相信任何人。那么，绿色说客具体有哪些表现呢？具体内容见下图。

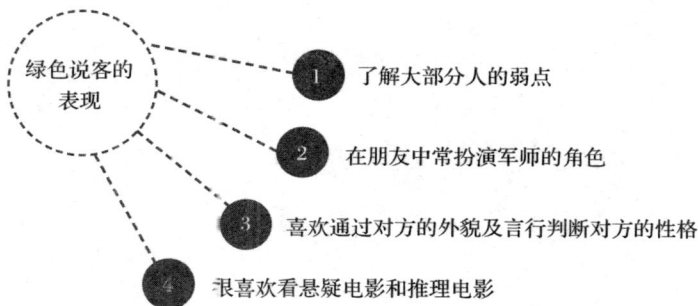

绿色说客的表现

1　了解大部分人的弱点

2　在朋友中常扮演军师的角色

3　喜欢通过对方的外貌及言行判断对方的性格

4　很喜欢看悬疑电影和推理电影

请看下面两个案例：

☒ 一位推销员喋喋不休地向一位顾客推荐各种商品。到了最后，这位推销员问顾客："请问您需要什么？"

顾客干脆地回答道："钱。"

☑ 在服装店，一位推销员与其他人不一样，她并不会在顾客进门后就主动上前推销，而是静静地等待顾客挑选。在顾客挑了好几件，左看右看不知该如何决定时，这位推销员才微笑着走过来，拿出其中的一件说："您的眼光真不错，这件应该很符合您的气质。"

顾客常常会说："那我就买这件好了。"

对比这两个案例，很明显第二个案例中的推销员是个说服高手，她完全了解顾客在想什么。也就是说，她善于观察和分析说服对象，并深入挖掘说服对象的心理，然后表达出适合说服对象的措辞。这些都是绿色说客的特点。

很多人都认为，那些说服高手都是口才好、能言善辩的人。其实不然，懂得攻心才是说服成功的关键。美国联邦局一位专门测试罪犯人格和心理的探员，多次突破重大罪犯的心理防线。当记者采访他时，却发现他竟然是个不善言辞的人，他的话并不多，但每个字都很精确且有力量。他告诉记者，他不是个善辩的人，要说服罪犯坦白，靠的也不是口才，而是攻心策略。

黄色说客：充满情感的活力说服者

> 黄色说客最大的魅力，是他们往往能够依靠丰富的肢体语言，充分表现自己的活力和情感，给说服对象一种直达心灵深处的震撼。

　　黄色象征着希望。喜欢黄色的人性格外向，喜欢新鲜事物，上进心强；喜欢黄色的人讨厌一成不变、好奇心强、爱好钻研；喜欢黄色的人也绝对是个"挑战者"，他们性格独特，在人群中容易成为焦点人物。那么，黄色说客具体有哪些表现呢？具体内容见下图。

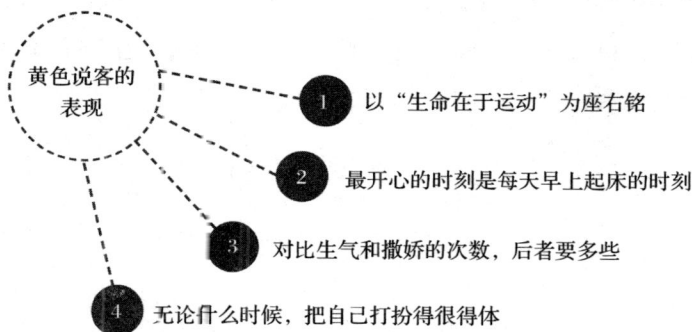

```
黄色说客的
  表现

  ①  以"生命在于运动"为座右铭

  ②  最开心的时刻是每天早上起床的时刻

  ③  对比生气和撒娇的次数，后者要多些

  ④  无论什么时候，把自己打扮得很得体
```

下面一起看一个案例：

一位公司雇员对她公司的一位副总裁说："下个月我就要退休了，有句话我想告诉你，我和几位朋友都认为你是公司中最好的高级管理者。"

这位副总裁回答道："听到这些话我很高兴。但是我想知道我做了些什么才让大家有这样的想法。"这位雇员回答道："还记得两个星期前下大雨的那天吗？你真诚地感谢我们下大雨也在坚持加班。然而，我们在雨天加班那么多次，其他高层领导从来不会这样想，只有你对我们表示感谢，肯定我们的付出。"

案例中的那位副总裁懂得体贴下属、善解人意，给人留下了良好的印象。事实上，这是我们前面讲到的"共鸣"效应，是黄色说客最大的魅力。

但是，黄色说客的缺陷是往往不能准确找到与对方的共鸣点，试图盲目用情感感染对方。这样的说服必然会失败。只有双方具有某种情感相似性时，才可能产生心理共鸣。它就像连接双方内心世界的无形桥梁，允许双方走进彼此的内心，为后面更深入的交流打下坚实的基础。

小测试：你身上有说服力类型的错位现象吗？

本章中介绍了不同的说服类型，以及每种说服类型的心理缺陷。对说服者来说，只有经过了真正的说服实战体验之后，才会发现适合自己的说服类型是什么。比如，说不定一个粉色说客突然意识到"过于亲切"对他说服的阻碍，因此转变成其他类型的说客。那么，怎么才能确定某种说服力类型究竟是否适合自己呢？通过下面的小测试，可以让你了解自己是否有说服力类型的错位现象，进而做出调整。

1. 是否有人常对你说，你的情绪变化很大？
2. 你有选择性障碍的性格特点吗？
3. 你和现在的男朋友或女朋友有要结婚的打算吗？
4. 也许现在天气不太冷，但你还是赞同10月底就可以买冬装了吗？
5. 如果可以选择，你还会选择这么累吗？
6. 对于书中的说服技巧，你觉得很难运用到说服沟通中吗？

7. 在你已经完成的那么多说服案例中，失败的数量远远超过成功的数量吗？

8. 你发现别人的说服技巧比自己要高明吗？

9. 你的心理缺陷与说服力类型所具有的心理缺陷一样吗？

10. 你觉得给自己的说服力类型下个准确定义很难吗？

按自己的实际情况，回答上面的是否题，只需回答"是"或"不是"。回答完后，统计"是"的个数，其个数越多，则说明你的说服力类型越有可能处于错误的阶段。换句话说，在说服沟通中，你所使用的说服力类型并不适合你，你可能需要做出调整。

CHAPTER
10

说服有禁忌，切勿踏进危险的雷区

在人与人的沟通中，有很多需要注意的禁忌，这些禁忌就像危险的地雷一样，时刻对我们的沟通产生着威胁。沟通的过程中，我们要时刻提醒自己规避危险的雷区，如果放松警惕，一不小心触及了对方的某些禁忌，那么就会像踩中地雷一样，一旦爆炸，不仅会伤害对方，还会伤害自己，而受伤最重的那个，注定会是我们自己。

真实描述事件，切忌添油加醋

> 在沟通的过程中，我们很容易在真实的事件中融入夸张的描述，以此来表达自己负面的偏见和情绪。这种加工过的观点也将会对他人产生消极的影响。

人们常喜欢用夸大的方式来证明自己的观点。比如，有的人刚跑完步回来，会说"我的腿要断了"；有的人工作太忙的时候，会说"忙死了"；等等。好莱坞伟大的制片人塞缪尔·戈尔德温曾经说："我们都喜欢一个以地震开头，然后达到高潮的故事。"

但是，当一个人在描述事件的时候，这样添油加醋加工一个观点，将会对他自己以及身边的人产生消极的影响，即使这个人并非有意去欺骗对方。

领导对员工杰瑞说："公司要重新调整一下组织结构，目前正在商议阶段。但我觉得你应该没问题，因为之前的一个项目你做得还不错。"

　　但是，后来杰瑞的情绪开始低落起来。回到家还跟妻子生气地抱怨说："看来，我要重新找工作了。"妻子立刻问道："怎么回事呢？"

　　"今天领导告诉我，公司要重新调整，或许我要被炒鱿鱼了。虽然提到我之前做得不错，但其他人也做得很好啊。"……杰瑞不断地说着，妻子脸上原本轻松的表情变得紧张起来。

　　杰瑞满脑子想的都是事情向着坏的方向发展，情绪变得越来越糟糕，这影响了他自己的工作状态和妻子的心情。其实，杰瑞夸大了真实事件，他并不了解所有的事情真相，也完全没必要这样想。

　　但说起来容易，做起来难。人们总是关注错误的观点，而不是正确的观点。这种偏见实际上是一种有利于个体生存的心理机制。在人类群体间发生冲突的时候，对特定群体间的负面评价能够有效地避免个体受到伤害。对于案例中的杰瑞，他应该对事件泰然处之，更灵活、全面地考虑问题，如此才会减轻自己以及他人的压力。

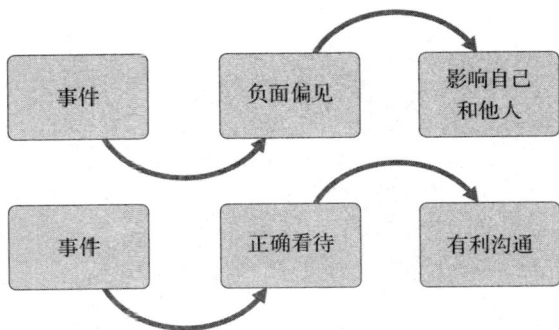

事件　→　负面偏见　→　影响自己和他人

事件　→　正确看待　→　有利沟通

那么，如何做到真实描述事件呢？最主要的是管理好自己的思想，对自我进行控制。这样可以避免在讲故事的时候陷入混乱中。如果自己想要了解更多，可以去寻找答案，以获取真实的信息。

勿奢望通过争辩解决主要问题

> 当我们意识到自己的想法、意见与他人相左时，我们的本能大概就是奋起辩驳。这时许多毫无意义的事情往往就会发生，最后反而无法让对方心服口服。

在说服他人的过程中，不管你用什么方式与对方争辩，比如用一个眼神、一个手势、一种说话的声调，或直接告诉他错了，他都不会欣然接受。因为你质疑了他的判断力和智慧，打击了他的自尊心，反过来这会使他想着如何反击你，几乎没有可能使他改变主意。因为你伤了他的感情。

下面是关于卡耐基的案例。

卡耐基的家中需要布置一些窗帘，于是他邀请了一位室内设计师来为他布置。当卡耐基看到窗帘的账单时，他大吃一惊。

☒ 由争辩引起的反击

后来，卡耐基的一位好友来拜访他，看到了这些崭新的窗帘，问起了价格，而后愤愤不平地说道："太过分了，他多算了你不少钱。"这位朋友说的是事实，但恐怕很少有人愿意听别人怀疑自己判断力的实话，包括卡耐基。他开始为自己辩护："贵的东西自然有贵的价值，你不可能以便宜的价格买到质量好又有艺术品位的东西……"

☑ 柔软对话产生良好的回应：

过了几日，卡耐基的另一位朋友也来拜访他，朋友一看到那些窗帘就开始赞美起来："这些窗帘真精美啊，我家要是能买得起这样的窗帘就好了。"卡耐基听后的反应与上次完全不一样了，他说："说句实话，我自己也买不起，只是我当时买的价格太高了。现在想想挺后悔的。"

从这个案例中，我们可以明白，争辩的结果会给对方带来一些感情伤害，并容易产生一定的反击。富兰克林说："如果你总是争辩、反驳，也许偶尔能获胜；但那是空洞的胜利，因为你永远得不到对方的好感。"美国威尔逊总统任内的财政部长威廉·麦肯铎，将多年政治生涯获得的经验，归结为一句话："靠辩论不可能使无知的人服气。"因此，说服别人时，我们不能靠争辩的方式。

说服是为了让对方主动合作,没有必要激怒别人。我们完全可以随着形势的变化,通过适应对方调整自己的策略,从而控制你想要达到的沟通局势。

切记避开他人的"私人领地"

> 每个人都有自己的隐私，一旦被触及，就会激起对方的负面情绪，甚至当场翻脸，这样就会阻碍双方之间的沟通。

密歇根州立大学的心理学家克鲁曼·卡普兰以"隐私性的提问给予人们的影响"为题，做了一项实验研究。在实验中，针对被实验者举行一场商务人士录用的模拟面试。面试分成了两组：第一组是一般性问题与隐私性问题交替进行；第二组是只问一般性问题。

研究结果显示，面试者对询问隐私问题的那一组的好感度是19.7分，对一般性询问的那一组的好感度是30.9分。这说明人们都讨厌别人突然闯入属于自己的"私人领地"。而人一旦突然被涉及隐私以及棘手的话题，一定会合上心扉，拒绝交流。

因此，应留意对方的隐私问题，才能与对方更深入地交流。另外，美国学者罗恩·麦克米兰说过："光留意问题还不够，你必须诚实地审视自己的行为。如果你告诉自己暴力应对是因为'对方咎由自取'，那你肯定不会考虑改变这种做法。如果你脑子里蹦出的第一个念头是'是他先招惹我的'，或是认为自己的举动很合理，那么你也不会产生改变问题的动力。在这种情况下，你非但不会停下来审视自己的错误之处，反而会积极地为这种行为找借口。"

没有正确地审视自己的行为语言：

- ☒ "谁让他咎由自取呢！"
- ☒ "是他先招惹我的。"
- ☒ "我问孩子'在学校受欺负没'很合理啊！"

如果你发现自己有以上念头，就应该进行严肃的自我反省了。假如在对话中不慎冒犯了对方，不要找借口，而应真诚地向对方道歉，然后加以改正。

说话切莫直来直去，伤人又害己

在沟通的过程中，有些人说话很好听，即使自己心有不满，也不会执意地说出来破坏双方的感情。但有些人说话直来直去，就是不懂得委婉表达。

不知道你身边有没有这种人，说话直来直去，出口伤人之后撂下一句"我这人就是说话直，你别介意"，就觉得事不关己高高挂起了。可是，他那些伤人的话已经使得对方对他之前产生的那点好感消失殆尽了。

乔治·汤普森说："如果我们将最容易到嘴边的话不加选择地脱口而出，我们很可能就会面临危险，这就是会让自己后悔一辈子的一番话，并且这些话从此覆水难收。"

因此，在说服沟通中，说话切莫直来直去，想说什么就说什么。那么，应如何表达会更好呢？培根说过："交谈时的含蓄和得体，比口若悬河更可贵。"对于那些令人难堪或是容易伤害别人的话，应当以尽量委婉的方式进行表达，这样可以有效地避免无意的伤害，令交流更加顺畅地进行下去。

尤其在批评的对话中，更要注意语言的含蓄性。因为批评在对话中属于尖锐的行为，会使对方产生负面情绪，失去安全感。约瑟夫·格雷尼先生也指出："我们很多人都不具备'双路处理'（即同时关注对话内容和对话气氛两方面）的能力，当对话风险很高、双方情绪激动的时候更是如此。"因此，批评对方的时候，一定要注意措辞。比如：

◎某领导发现秘书在文件中出现了一些错误：

☒ "××，你怎么那么粗心，这个文件中出现了好几处错误。"

☑ "××，你今天穿的衣服真好看，它使你看起来既年轻又漂亮。但你不要骄傲，我相信你处理起公文来，也能和你的穿着一样漂亮。"

◎某领导批评员工做事拖拉：

☒ "××，你怎么毫无时间观念啊，交代你当天做完的事情总是拖到两天后才做完！每次说你你还狡辩！"

☑ "××，你的观念还是不够强，有时候不能严格按照要求执行，但你吃苦耐劳也虚心好学，我相信你迟早会改掉现在的一些坏习惯。"

那么我们在遭受语言的"虐待"时，应如何处理呢？

　　反过来，如果你的沟通对象说话直来直去，无意或有意地伤害了你，你应该如何处理呢? 乔治·汤普森说:"你应当通过语言，将对方的负面力量偏移，再加以重新引导，这才是正确的回应方式……所以我用了'知道了''哦，是的'，我给这样的词取名为'吞掉字的语句'，这就是一个能够将侮辱产生的力量吞掉的'偏转器'。"

　　在乔治·汤普森的警察生涯期间，遇到了很多大嘴巴的牛仔，他就是利用了"吞掉字的语句"来平静应对的。这些省略语句能帮助你将扑面而来的侮辱转一个向，让你能够专注于自己正在做的事。

　　一些人可能认为，对方说话伤害了自己，还要求我们充耳不闻，这会让人受不了。读完下面采用省略语句的3个原因，或许你就能接受书中的观点了。

采用省略语句的第一个原因

省略语句让你感觉良好。但是感觉良好是因为你有战术，并且你是在回应问题，而不是靠本能反应，这会让你保持冷静，显得专业。这是种合理的、正当的良好感觉。

采用省略语句的第二个原因

可以避免你的情绪被对方控制，从而被对方打败。比如在面对下属、愤怒的孩子、怨声载道的顾客时的无礼和攻击时，你可以说:"我懂/我知道了/哦，但是……"

采用省略语句的第三个原因

如果你成功地跳过了对方言语中的无礼攻击，专注于完成自己的目标，对方于你而言就是手下败将了。

小测试：你说话会不会无意中伤害他人？

对话过程中，平时不经意的一些话语，总是会不可避免地伤害到他人。你一句无心的话可能会揭了朋友的伤疤，让彼此从此成为陌路人。那么，你在什么时候说话会无意间伤害他人呢？

1. 你觉得下面哪个人比较麻烦？

孱弱得为一粒沙流泪的人──➤ 2

整天处于迷糊状态的马大哈──➤ 3

2. 你最想感谢以下哪个人？

伤害过你的人──➤ 5

帮助过你的人──➤ 6

3. 下面哪种水果比较像你的个性？

石榴──➤ 4

柠檬──➤ 6

4. 当你吃到一种紫色馅饼时，你认为是什么馅？

蓝莓──➤ 8

葡萄 —→ C

5. 一个熟睡的婴儿突然睁眼，接下来他会干什么？

大哭大闹 —→ 7

闭上眼继续睡觉 —→ 6

6. 黑夜中有一点亮光，你觉得是什么？

篝火 —→ 7

电灯 —→ 8

7. 提到"天空"，你会想到什么？

翅膀 —→ 10

白云 —→ 11

8. 什么颜色的鸡尾酒是最有魅力的？

海蓝色 —→ 7

琥珀色 —→ 9

9. 你觉得什么时候最适合一个人看书？

清晨 —→ 10

深夜 —→ 11

10. 如果上学出门太早，你该怎么办？

边看风景边慢慢地走向目的地 —→ 11

折回家中打发时间 —→ 14

11. 你认为什么颜色更能象征财富？

中国红 —→ 12

麦穗黄 —→ 13

12. 当你看到一种没尝过的水果时，你觉得会是什么味？

酸味 ——→ C

甜味 ——→ 13

13. 如果让你拿番茄来做菜，你会做什么呢？

番茄炒蛋 ——→ A

意大利面 ——→ D

14. 你觉得一个成功的画家最不能缺少什么？

想象力 ——→ E

高超的画技 ——→ B

[结果分析]

A：你是大家公认的直爽人，充满活力的你有着惹人喜爱、直来直往的率真个性，你说话的时候只有极少数词语会经过大脑的筛选，常会不经意地说出一些让人尴尬的话，即使是别人的忌讳，你也会无意中在大庭广众下说出。可以说，在别人眼中你是一个"毒性"较强的人。

B：天性稳重的你凡事都喜欢三思而行，说话也是如此。但不拘小节、性格爽朗的你，有时候也会口不择言。大家也知道你不是故意的，因此对方大多不会放在心上。

C：你的内心敏感、柔软，不喜欢用恶毒的话去伤害别人，因为你知道那种受伤的感觉，因此根本狠不下心来。一般你会用眼泪来反击。但假如你内心的伤口被触动了，你会气得冒火，会翻陈年旧账，怒气冲冲地回击对方。

D：你看起来是个文雅、安静的人，通常别人都认为你不可能说出恶毒的话，但华丽的外表下往往隐藏着铁齿铜牙。当你被激怒时，你不仅可以一针见血地狠击对手的痛处，还能面不改色地当作什么事都没发生。

E：情绪比较稳定的你，做任何事情都知道掌握一个度，不会做出太过的事情。你给人的感觉是很亲切自然，从你口中说出的话都很温暖。但你最不能容忍别人说家人的坏话，否则你会马上变得不高兴起来，然后用难听的语言来反驳对方。

对说服技巧掌握得越熟练，你便越能洞悉人性

恭喜恭喜！你终于读完这本书了。你在本书中学到的技巧将会给你的生活带来巨大的变化。现在建议你重新读一遍这本书，因为越深入研究、演练这些技巧，你就越能熟练地说服你身边的人，包括你的爱人、朋友、领导或员工，以及其他想要寻求帮助的人。

或许通过对这本书的学习，你能够成功地说服你的沟通对象，让其按照你的意愿完成或实现某件事情。当然，也有一些读者的说服结果不尽如人意，其沟通对象最终并未被其说服。

无论说服的结果怎样，你都要记住：说服的意义在结果，更在过程。说服的过程能够让说服者获得沟通对象的赞赏；说服的过程提高了说服者的口才；说服的过程能够帮助说服者建立更加完善的知识体系；说服的过程让说服者养成了善于思考、善于提问的好习惯；说服的过程提高了说服者的抗打击和抗挫折的能力。

相信，按照书中的方法进行不断的练习，你一定可以成为一名高明的说服者！